Feathers of a Featherless Bird

Feathers of a Featherless Bird

Plumas de un pájaro desplumado

Juan Garrido-Salgado

Puncher & Wattmann

First published in 2025
Published by Puncher & Wattmann
PO Box 279
Waratah NSW 2298

info@puncherandwattmann.com

A catologue record for this book is available from The National Library of Australia.

ISBN 9781923099753

Cover design by Tania Garrido Cádiz

Printed by Lightning Source International

Contents

Dedicated to Patty, Tania, Lenin, Tegan, Neneoudou, Souleymane, Mohamed

To Alicia and Juana Maria

Everything passes.
Reality goes by
like a cheery bird,
that carries me on its wings
like a light feather,
snatches me to the shadow, to the light, to touching the divine,
turning me into an illusory feather
that passes unaware of the sea that swallows finality:
those thick waters that like black lips already erase what is different.
Vicente Aleixandre – 'Destruction or Love'

Todo pasa.
La realidad transcurre
como un pájaro alegre.
Me lleva entre sus alas
como pluma ligera.
Me arrebata a la sombra, a la luz, al divino contagio.
Me hace pluma ilusoria
que cuando pasa ignora el mar que al fin ha podido:
esas aguas espesas que como labios negros ya borran lo distinto.

Vicente Aleixandre – 'La destrucción o el amor'

On Literature

What is literature for really? We need to be writing about things that are important and affect us and affect our future. We have to write on the scale, of the scale of things happening. And being able to understand how to read it as well. I mean, it's not easy, it's not easy to write books, it's not easy to write a small book, let alone a big book. I think these things are really necessary if we want to start thinking in the right way, for all of humanity and not others, and as you see so often today. – Alexis Wright on writing *Praiseworthy-*

¿Para qué sirve realmente la literatura? Tenemos que escribir sobre cosas que son importantes y nos afectan y afectan a nuestro futuro. Tenemos que escribir a escala, a escala de las cosas que ocurren. Y también ser capaces de entender cómo se lee. Quiero decir, no es fácil, no es fácil escribir libros, no es fácil escribir un libro pequeño, y mucho menos un libro grande. Creo que estas cosas son realmente necesarias si queremos empezar a pensar de la manera correcta, para toda la humanidad y no para otros, como se ve tan a menudo hoy en día. – *Alexis Wright sobre Literatura Praiseworthy-*

Geography of a blank page

It is very possible that our people will continue to be left with crumbs in
a world which is being ruled by those who dominate humanity with their
own narratives – 'Dream Geographies', by Alexis Wright

1
Improving the warmth of the blank page on battered geography,
territory occupied by that thick plain of dominant power.
I read a quote from Alexis Wright,
existence, living daily
existence without hope
existence on the edges of racial mistreatment
existence of an institutional geography of abuse, lies and
imprisonment.
Racism.
Let me explain a few things:
I was born into the world as just another child, one of millions
who received
a free litre of milk, given to them
by President Salvador Allende.
Our childhood was happy,
work was a right, a means to happiness and well-being.
People's healthcare a State guarantee.
Education was learning to play at life.
Today, eating, chewing words is a duty,
Or just sips of rebellion,
Colonialism still tastes of English breakfast tea.
I swallow the *concho*, the last sip from an empty cup.
My citizenship has the bitter taste of readings and accents.
The margin of the pages where I write notes to feed my memory.
Thus, I find this reflection by Alexis Wright, (page 22).
what happens to those who are already struggling to survive
the rampage of the ongoing colonialism of the Global North?

2
After 34 years, sowing in my accents
the page where I learned to understand the beauty of your language,
the depth and power of what I read and write in this country.
Voices that give me back the memory of resistance,
voices and poems that I reread as if time were a volcano of dry lava
that no longer burns or destroys what has been built.
Voices of resistance against oblivion, massacre and institutional lies.
It's as if we should create the language of survival
against what is silenced, what is hidden and what is denied.
Reading Dream Geographies
is to again tread the streets of a bloodied Santiago.
A line that belongs to Pablo Milanes' song...
If we lived intensely that Santiago ensangrentad*a*
day by day for more than 17 years under Pinochet's dictatorship.

Geografía de una página en blanco

Es muy posible que a nuestros pueblos les continuarán echando migas dentro de un mundo en el que rigen los que imponen a la humanidad sus propias narrativas.
—Alexis Wright, 'Dream Geographies'

1
Mejorar la calidez de la página en blanco sobre la maltratada geografía,
territorio ocupado por esa espesa llanura del poder dominante.
Leo una cita de Alexis Wright,
existencia del diario vivir
existencia sin la esperanza
existencia de los bordes del maltrato racial
existencia de una geografía institucional de abusos, mentiras y prisión.
Racismo.
Explico algunas cosas:
Nací a lo social como un niño mas, de los millones que recibieron

el litro de leche gratis, dado
por el presidente compañero Salvador Allende.
Nuestra infancia fue feliz,
el trabajo era un derecho a la felicidad y el bienestar
La salud un patrimonio del Estado para el pueblo.
La educación era un aprender a jugar a la vida.
Hoy, comer, masticar palabras es un deber,
O solo sorbos de rebeldía,
El colonialismo aún tiene el sabor a *English breakfast tea.*
Trago el concho, el último sorbo de una taza vacía.
Mi ciudadanía tiene el sabor amargo de lecturas y acentos.
El margen de las páginas donde escribo notas para alimentar la memoria
Así encuentro esta reflexión de Alexis Wright, (página 22).
What happens to those who are already struggling to survive
the rampage of the ongoing colonialism of global North?
¿Qué les pasa a los que ya luchan por sobrevivir
la embestida del colonialismo sin fin del Norte global?

2
Después de 34 años, sembrando en mis acentos
la página donde aprendí a entender la belleza de tu lenguaje,
lo profundo y lo poderoso de lo que leo y escribo en este país.
Voces que me devuelven la memoria de la resistencia,
voces y poemas que releo como si el tiempo fuera un volcán de lava fría
que ya no quema ni destruye lo construido.
Voces de la resistencia contra el olvido, la masacre y la mentira
institucional.
Es como si debiéramos crear el lenguaje de la sobrevivencia
contra lo que se calla, lo que se oculta y lo que se niega.
Leyendo el *Dream Geographies*
es volver a pisar las calles nuevamente de lo que fue Santiago ensangrentada.
Línea que pertenece a la canción de Pablo Milanes…
Sí vivimos intensamente ese Santiago ensangrentada
día a día por más de 17 años bajo la dictadura de Pinochet.

The Essential

Ruminate over the words
eat them, talk about them and make of them
a reading that enters the soul
of that knight-errant we once were.
Ruminate over the words as if entering
that page of Alexis Wright,
if they had been the land thieves in the first place
and had left the Indigenous owner for dead.
Past, present and future of what is essential
and at the same time difficult about our time.

Ruminate over the words to savour
the reading of this struggle multiplied by centuries
between windmills and this ancestral smoking ceremony,
drones or long-range missiles, for today's audience.
Or likely fall suffocated by the digital destruction
of what is loved, lost, stolen
in those pages of Miguel de Cervantes or Alexis Wright.
Though today we read and inhabit
What Alexis Wright tells us, in Chapter 7, page 39.
Earth governed by powerful fascist boys.

Ruminating over reality as if we were chewing on
the bitter taste of reading; which is nothing more
than our own reality grazing right there
On not knowing what we are
even in the path of modern civilisation.

Lo Esencial

Rumiar las palabras
comerlas, conversarlas y hacer de ellas
una lectura entrando al alma
de aquel andante caballero que fuimos.
Rumiar las palabras así como entrando
a esa página de Alexis Wright,
if they had been the land thieves in the first place
si hubieran sido ladrones de tierras en la primera instancia
and had left the Indigenous owner for dead.
dando por muerto al verdadero dueño de la tierra indígena.

Rumiar las palabras para saborear
la lectura de esa lucha multiplicada por siglos
entre los molinos de viento y esta ancestral ceremonia del humo
– ancient smoking ceremony
que hoy por hoy
son drones o misiles de largo alcance, para la audiencia
O más bien caer sofocado por la destrucción digital
de lo amado, perdido, robado
en esas páginas de Miguel de Cervantes o Alexis Wright.
Aunque hoy las leemos y habitamos
Eso que nos habla Alexis Wright, en el Capitulo 7, página 39.
Earth governed by powerful fascist boys.
Tierra gobernada por los poderosos machos fascistas.

Rumiar la realidad como si masticáramos
el sabor amargo de la lectura; que es nada más
que nuestra propia realidad pastando justo ahí
de no saber quien somos
aún en el camino de la civilización moribunda.
8.8.2024

The Malecon

for Antonio Nazarro

The breeze of a dream flees from your gaze
Over the night I fell from the taste of that universe
Other poets live on the Malecon, which waits for the fall of ancient horizons.
I still sail towards the ruins of Athena among the ink of tides
I mastered the role even without succumbing in the attempt.

El Malecón

Para Antonio Nazzaro

La brisa de un sueño huye de su mirada
Sobre la noche caí del sabor de aquel universo
Al malecón lo habitan otros poetas, quienes esperan la caída de antiguos horizontes
Yo aún navego hacia las ruinas de Atenea entre la tinta de mareas
hecho remo el papel aún sin sucumbir en el intento.

Words are my tools

'It's not that I'm in love with English, I just know that it can be used as a tool'. Lionel Fogarty

Words can be a buzz, murmurs or a distant laugh
announcing the smell of something.
Savouring the flavour of dancing on a plate full of colour.
Words can sometimes hold the silence
and take us into a universe unknown to ourselves.
The possibility of joy can come.
Words are the great root of understanding without war

Words reading what is in our own
vowels and consonants, within other languages
making the sounds of wounded memory.
I don't know why we feel shards of guilt or hatred
words die in the air full of voices and accents.

This morning, I taste the bitterness of yerba mate tea
I taste the furiousness of waves!
that break between those huge ancient rocks at Port Elliot's Sea
I walk because I cannot fly with any of the wings
that are my words, humid verses on deep silence with the ink
toward the edge of the empty paper that I am still now.

Long ago, I tried to make Gaudi's lines of foam appear in the vast sand
Leaving unrecognisable images of traces as new English writing.
I am tired and lost, I stop for another sip
We are the past in our present that unites us to be a poem
Playing in the immensity of the ocean that even today I call Alice.
So, the word-*palabra* made sound in Mapudungun
comes from within my heart as a mirror-*espejo*
Yes, you can read or remember

with respect for our common home, culture and country;
as my *compañero* poet Lionel Fogarty wrote:
Imagination of no languages
Words could be the eyes of a sightless poem
Where the ink becomes *Lágrimas Negras*,
in any language where its root is burned by history.
I become the poem that grows like buds
and imagine drinking the ink of my past papers
that taste of reasons to inhabit this new home..

Las palabras son mis herramientas

No es que esté enamorado del inglés, es que sé que puede utilizarse como herramienta».
Lionel Fogarty

Las palabras pueden ser un zumbido, murmullos o risa lejana
anunciar el olor de algo
Saborear el sabor del baile en un plato lleno de color.

Las palabras a veces pueden sostener el silencio
y llevarnos a un universo desconocido.
La posibilidad de la alegría puede llegar.
Las palabras son la gran raíz del entendimiento sin guerra

Palabras lectoras de lo que hay en nuestras
vocales y consonantes, dentro de otras lenguas
haciendo los sonidos de la memoria herida.
No sé por qué sentimos fragmentos de culpa o de odio
las palabras mueren en el aire lleno de voces y acentos.

Esta mañana saboreo la amargura de la yerba mate
saboreo la furia de las olas
que rompen entre esas enormes rocas antiguas en el mar de Port Elliot

Camino, porque no puedo volar con ninguna de las alas
que son mis palabras, versos húmedos sobre el silencio profundo de la tinta
cayendo hacia el borde del papel en blanco que aún soy todavía.

Hace tiempo, intento hacer aparecer las líneas de espuma de Gaudí sobre la arena inmensa
dejando imágenes irreconocibles de huellas como una nueva escritura inglesa.
Estoy cansado y perdido: me detengo para otro sorbo
Somos pasado en nuestro presente que nos une para ser un poema
Jugando en la inmensidad del océano que aún hoy llamo Alicia.

Así, la palabra hecha sonido del Mapudungun
viene de dentro de mi corazón como un espejo-mirror
Sí, se puede leer o recordar
con respeto de nuestro común hogar, cultura y país;
como escribió mi compañero poeta Lionel Fogarty:
Imaginación sin idiomas
Las palabras podrían ser los ojos de un poema ciego
donde la tinta se convierte en lágrimas negras
en cualquier lengua donde su raíz fue quemada por la historia.
Me convertí en el poema que crece como brotes
e imagino bebiendo la tinta de mi papel pasado
sabor de razones para habitar este nuevo hogar, aquí y ahora.

When a poet dies

Time ceases to be memory.
Words are left motionless.
What was once inspiration fades from the pages.

Reality touches
The dry leaves of the autumn Homer never saw.
The heart of the poem stops beating
Until some unknown yet familiar reader
Beholds the resurrection of the verses.

Life shines again
What happens, then, to the poet?
Smiling perhaps under the dust of reading,
Which is and will be a universe
that can become, once more, a poem.

*Belong to the Red Room 30x30 project 2023 & collaboration with University of Technology Sydney (UTS) and students doing an Animation Degree

Cuando un poeta muere

El tiempo deja de ser memoria
Las palabras quedan inmóviles
En las páginas se diluye
aquella inspiración que un día fue.

La realidad toca
Las hojas secas del otoño que Homero nunca vio.
El corazón del poema deja de latir
Hasta que algún lector heterónimo
Vuelve a leer la resurrección de los versos.

Vuelve a brillar la vida
¿Qué le ocurre entonces al poeta?
Tal vez sonríe bajo el polvo de la lectura.
Que es y será un universo
que puede volver a ser poema.

Ble(ss)ed - Sa(n)grado

'...the deep caverns of sense' (Song III—St. John of the Cross).

Sacred is what is bleeding.
Ble(ss)ed like life
As if it were a fierce shot
Just left there, all that we were.
Without knowing that the deep caverns of sense
May become our very existence.

Sa(n)grado

'...las profundas cavernas del sentido'. (Canción III—San Juan de la Cruz)

Sagrado es lo que está sangrando.
Sa(n)grado como la vida
Como si fuera un disparo feroz
Y quedara ahí, todo lo que fuimos.
Sin saber que *las profundas cavernas del sentido*
Pueden llegar a ser nuestra propia existencia.

Midnight

I inhabit the melancholy of loneliness
every night I enter the abyss of your absence
at dawn I leave the sheets without a trace of you.
I live the day savouring what was lost
what was before the moon of infinite stars.
Made me laugh in a kiss trapped in the pillow.

28.06.24

Medianoche

Habito la melancolía de la soledad
Esta noche entro al abismo de tu ausencia
al amanecer deshabito las sabanas sin rastro de ti.
Habito el día saboreando lo perdido
lo que fue antes que la luna de infinitas estrellas.
Me hiciera reír en un beso atrapado en la almohada.

Writing verses

In search of lost innocence
Imagining her face in a metaphor you left forgotten
Going after her on a day of heavy rain
Her wet blouse and her name took shelter
In the pocket of your adolescence.
To write, to fall into memory like a nocturnal prayer
Ask for a miracle to love you again
beneath that endless winter that won't let you live without her.

Escribir versos

En busca de la inocencia perdida
Imaginar su rostro en una metáfora que dejaste olvidada
ir detrás de ella en un día de lluvia intensa
Que mojó su blusa y su nombre se cobijó en el bolso
De tu adolescencia.
Escribir, caer a la memoria como un rezo nocturno
Para que un milagro te vuelva a amar bajo ese invierno interminable
Que no deja tu corazón en paz.

Don't believe the words that make me?

I look for myself in every line
I write a thousand times what I once was
I go back to that station where one day I travelled without language or passport
I've never known if I reached where what I always wanted was waiting for me.
You don't believe the words that make me who I am
I still travel on a paper written in verses
I still wake up full of ink on the shore of my soul.
Don't believe the words that make me.
I search for myself in an empty wine glass,
so my thirst vanishes on the scent permeating the edges of my life.

Don't believe the words that take me
When a kiss shatters on the dry lips
Of that desire to love you which I am today.
Let me write you these lines like a movie script
Where I'm the protagonist and you're the librettist
That launches me into the void like an astronaut
Lost in your cosmic space, not knowing where the freefall ends,
Of that star of a thousand deserts.
Don't believe the words that make me who I am
Without applause I'm nobody and without you I can't remake this poem.

¿No me creas quién soy?

Me busco en cada línea que borro y vuelvo a escribir
Escribo mil veces lo que un día fui
Vuelvo a esa estación que un día viajé, sin idioma ni pasaporte
Y nunca supe si llegué donde me esperaban los que siempre quise.
No me creas quien soy
Yo aún viajo en un papel escrito en versos
Yo aún despierto lleno de tinta a la orilla de mi alma.
No me creas quien soy.

Me busco en una copa vacía de vino
Así mi sed se esfuma sobre el olor impregnado en los bordes de mi vida.
No me creas quien soy
Cuando un beso se haga pedazo en los labios secos
De ese desierto de amarte que soy hoy en día.

Deja que escriba estas líneas como un guion de cine
Donde yo soy el protagonista y tú el libretista
Que me lanza al vacío como un astronauta
Perdido en tu espacio cósmico, sin saber dónde termina la caída,
De esa estrella de mil deseos.
No me creas quien soy
Sin aplausos no soy nadie y sin ti no logro reescribir el poema.

2022

Unrest

'The ocean flows into the narrow brook' by Luis de Góngora, second Libro Soledad

I
Write so that nothing dwells in your mind
And your own skull is just a breeze from the moment
Of being a useless whistle in the maze of writing a poem
Trapped amid the fresh produce of a daily specials display.

II
Translate a single verse like an Erza theme in the asylum of your own reality
Reread that line from the classic poem lost in your mind
There in the inhabited corner
The ocean flows into the narrow brook
You lock it in a sealed tower full of mouldy books
and papers that never inhabited what we are.

III
And re-read the line as if it were the whole poem

IV
That's when the poet appears in the shadows of the maze dragging death
Atoms of the hidden word creating an idea
Where to bury the line that was read and forgotten

V
Line or labyrinth of not being
Write from nothing
As if the sea entered the page wetting the verses in ink
That streams towards the horizon
About that line I spoke of before falling into nothingness
I think of the boredom of being the creation of your own poem

Desasosiego

'Entre el mar por un arroyo breve', por Luis de Gongora, segundo-Libro, Soledad

I
Escribir para que nada habite tu mente
Cráneo donde solo la brisa del instante
Sea un silbido inútil entre el laberinto de escribir un poema
Atrapado por una vitrina del día lleno de frutas y verduras.

II
Traducir un solo verso como un canto de Erza en el manicomio de su misma
realidad
Releer la línea del poema clásico perdido en tu memoria
Allí en la esquina habitada
The ocean flows into a narrow brook
Lo dejas encerrado en una torre sin salida de libros azumagados
y papeles que nunca habitaron lo que somos.

III
Volver a leer la línea como si fuera el poema

IV
Ahí es donde aparece el poeta en sombras del laberinto arrastrando la muerte
Los átomos ocultos de la palabra crean una idea
Donde enterrar aquella línea que se hizo lectura.

V
Línea o laberinto del no ser
Que nos hace escribir desde la nada
Como si el mar entrara a la página y mojara versos en tinta
Que se va hacia el horizonte
Sobre esa línea que te hablaba antes de caer a la nada
pienso sobre el aburrimiento de ser poema

About the translation of my own poem *...At five in the afternoon**

Talking with the vowels of the language in question
to interrogate the consonants
seeking ways of pronouncing from within the blank paper.
And sending roses to lady metaphors.
At five in the afternoon
galloping on each line or verse of the original poem
And acting like you understand *William*'s Sonnets,
And lists of local poets.
At five in the afternoon.
But the most important thing is to wait a hundred years
to clarify the misunderstanding between you and the publishers
so they see you are a poet from another latitude;
Sounds of the Condor awakening your own nightmares
From the language you seek to master.
At five in the afternoon.
Preparing each poem to win the race of your life.
With endless hours in the barn and on the race track.
In Australia it is called "the race that stops the nation"
at 3 pm, the first Tuesday in November,
In the city of Melbourne.
And this verse comes from Federico
At five in the afternoon,
*Wounds burning like suns**

* 'At five in the afternoon' is the refrain of Federico García's poem 'Lament for Ignacio Sanchez Mejias'

Acerca de la traducción de un poema
...*A las cinco de la tarde**

Es conversar con las vocales de la lengua en cuestión
Es interrogar las consonantes
buscando la forma de pronunciarlas desde el papel en blanco;
y mandarles rosas a las señoritas metáforas.
A las cinco de la tarde
Galopar en cada línea del verso original
Y hacerse el entendido de *William*,
y otra lista de poetas locales.
A las cinco de la tarde
Lo más importante es esperar unos cien años
Que se aclare el mal entendido entre tú y los editores
Y hacerles saber que eres el poeta de otras latitudes;
sonido del Cóndor despertando tus propias pesadillas
Desde el idioma que desea domar.
A las cinco de la tarde
Preparando cada poema para ganar la carrera de tu vida.
Jornada de horas interminables en el establo y en la pista de carrera
Aquí en Australia se le llama: *"la carrera que detiene a la nación"*.
A las 3 de la tarde, del primer martes de noviembre,
en la ciudad de Melbourne.
Y se me viene ese verso de Federico
A las cinco de la tarde y las heridas quemaban como soles.

* 'Verso de 'Llanto por Ignacio Sanches Mejias' de Federico García Lorca

Words and their value

A deceit of the ink or the soul?
Each letter joins a wounded hand
Like the pulse of a deep rhythm without meaning
Where will the path on this page go?
When will the voice in the words announce itself
Weaving an invisible thread between hand and mind
Veins of blood in a verse that cuts the rhythm
Voicing the soul.

Tell me if children can create or play and sing
A poem before it is written or sown on paper.
In any school in the world.
So why do the children in Gaza
Still only die or survive under rubble?
Their eyes, lips and hands
Scouring the dust of death and brutality
every day.
Where is the word happiness? It has no taste, no smell, no wings, no clothes.
In Gaza, under the ruins, only the dead or dying.
Among the bodies and dry smiles of a hundred children.

Las palabras y su valor

Serán un engaño de la tinta o del alma
Cada letra se une a la mano herida
Como una ronda de un ritmo profundo sin sentido
¿Donde irá el sendero en esta pagina?
Cuándo se anunciará la voz en las palabras
Ellas van tejiéndose en hilo invisible entre la mano y la mente
Son venas de sangre del verso que van cortando el ritmo
Como una voz del alma.

Dime si los niños pueden crear o jugar y cantar
Un poema antes de ser escrito o sembrado en el papel.
En cualquier escuela del mundo.
Entonces, ¿por qué los niños en Gaza
Solo pueden morir o sobrevivir bajo los escombros?
Entre cuyos ojos, labios y manos
solo escarban el polvo de la muerte y de la brutalidad
cada día.
¿Donde está la palabra felicidad?, ya no tiene sabor, olor, alas, vestido.
En Gaza bajo los escombros está muerta o agonizante
Entre los cuerpos y la sonrisa seca de cientos de niños.

Burning Light of Waiting

1
Souls that utter
Words fallen into the abyss of bodies
Heartbeat of the blood
That rides distance
In the desire to one day be
burning light of waiting
2
Then as we say goodbye
The journey will be a wasteland of uncertainty
Lighting up the empty page of a verse
That howls to be born.

Adelaide -2023

Ardiente Luz en la Espera

1
Almas que pronuncian
Palabras caídas al abismo de los cuerpos
Latido de la sangre
Que cabalga distancia
En el deseo de ser algún día
Ardiente luz en la espera.
2
Después, al despedirnos
El viaje será un páramo de incertidumbre
Alumbrando la página vacía el verso
Que aúlla por nacer.

Adelaide -2023

The afternoon comes; it arrives as if nothing had happened.

The glasses get hot
The tea grows cold like an empty well
Here around the table
I am looking to divert the sunset
the birds don't come, much less a breeze
only the burning pavement gives reason for a sigh.
The verse seeks to come out of its hiding place;
I read Juan Gelman, who gives me a petal
We have to learn to live like the carnation of the air,
Of the very air itself.
The shadow of a bird falls on this page
Right here where you are reading.
I don't know if it's the stirring of a memory,
Or the drool from a bite that falls on a feather.
Maybe it's a verse about the bricks of the burning sunset
About my ink spilled by circumstance.

La tarde se viene, llega como si nada.

Los vidrios se calientan
El té se enfría como una poza vacía
Aquí alrededor de la Mesa
busco entretener el atardecer
los pájaros no llegan, menos una brisa
solo el ardiente pavimento da razones para un suspiro.
El verso busca salir de su escondite;
Leo a Juan Gelman, quien me regala un pétalo
Tenemos que aprender a vivir como el clavel del aire,
Propiamente del aire.
La sombra de un pájaro cae a esta página
Justo aquí donde lees.
No sé, si es un revuelo de la memoria,
O las babas de un mordisco que cae en la pluma.
Tal vez sea un verso sobre los ladrillos del atardecer que arde
Sobre mi tinta derramada por las circunstancias.

5.11.24

XCV

There in your mouth I'll write my verses *(Bosque de Rosas) – José Martí*

I had to unlearn my feelings, to keep silent about the poet's muteness.
Martí enters my ink with a verse that is almost a century old
Tell me what weeping or loneliness opened the heart of the forest for you?
Tell me what scent of tender hands gave you an almost wounded rose?

I feel no sadness upon entering Martiriano forest; I would like to have a rose.
I have no time for a sonnet, my rose awaits me.
I have no suns to take care of your thorns, only a piece of the moon.
I have no places to write my verses, a forest awaits me.

Here in this poem, there in your mouth I'll write my verses.
I only ask your permission to let my leaves and my ink
Enter the forest of your soul and write in a rose

What one day the poet tried to love from your mouth
The eternity of the trees and their memory.
The dream of that rose which I plant for you today.

XCV

Allí en tu boca escribiré mis versos (Bosque de Rosas) – José Martí

Tuve que deshojar mi sentir, callar sobre la mudez del poeta.
Martí entra a mi tinta con un verso de casi un siglo de nacer
¿Dime que llanto o soledad te abrió el pecho del bosque?
¿Dime que aroma de manos tiernas te dieron una rosa casi herida?

Yo no tengo tristeza para entrar al bosque Martiniano, una rosa quisiera tener
Yo no tengo tiempo para un soneto, mi rosa me espera.
Yo no tengo soles que cuiden tus espinas, solo un pedazo de luna
Yo no tengo lugares para escribir mis versos, un bosque me espera.

Aquí en este poema; *allí en tu boca escribiré mis versos*
Solo le pido permiso para dejar que mis hojas y mi tinta
Puedan entrar al bosque de tu alma y escribir en una rosa

Lo que un día el poeta quiso amar desde tu boca
La eternidad de los árboles y su memoria.
El sueño de esa rosa que planto hoy por ti.

XXCIV

'In the springtime, roses all over me, just lovely' (Priapus poems) by Virgil

Reading Virgil's poem,
Is like coming back from the centuries of Ancient Rome
I seek to know where his sandals tread,
I feel the poem as if it were his verses
Falling onto a path of green leaves
In this garden of roses grown
in the compost of each sheet of paper
as if a hundred roots were growing on that leaf
watered and cultivated by ink.
After centuries to come
Virgil with his hands cut the scent of heaven in the earth
I translate that instant of pleasure.
He stands motionless before the scent of roses
as if he came to kiss the petals
of ancient springs, but spring withers without you...

XXCIV

'In the springtime, roses all over me, just lovely' (Priapus poems) by Virgil

Leyendo el poema de Virgilio,
Es como volver de los siglos de la Antigua Roma
Busco saber donde pisan sus sandalias,
siento el poema como si fuera sus versos
cayendo al sendero de las hojas verdes
a este jardín de rosas cultivadas
en el abono de cada hoja de papel
como si crecieran en esa hoja cien raíces
regadas y cultivadas por la tinta.
Después de siglo venideros
Virgilio con sus manos corta el aroma del cielo en la tierra
traduzco ese instante de placer.
Se queda inmóvil ante los pétalos de las rosas
como si llegara a besar los aromas
de primaveras antiguas, primaveras marchitas sin ti..

Good Morning...

I run and wrap away the sails
of darkness from this ship
I lean out into the morning light.
The rudder with those first rays of light
crosses the glass of reality.
I wake up without grunting at the sheets
That cover the eternal solitude of rest.

I have my feet on the deck of day
I walk on blown feathers
Here I am waiting for a glass
to offer my sips as a kiss of gratitude.
On the edge of the table I eat and drink
I am a navigator on the abyss
that others call reality.

Beyond, an ocean of noises and words
opens the route to unexpected horizons.
I write: Where is this tormented humanity?
incapable of peaceful coexistence.

Good Morning...

Corro y envuelvo las velas
de la oscuridad en esta nave
me asomo a la luz de la mañana.
El timón con esos primeros rayos de luz
cruza el vidrio de la realidad.
Despierto sin gruñir a las sabanas
que cubren la eterna soledad del descanso.

Tengo mis pies en la cubierta del día
Camino sobre plumas sopladas
Aquí estoy en la espera de un vaso
para dar sorbos como beso de la gratitud.
En la orilla de la mesa como y bebo
Soy un navegante sobre el borde del abismo
que otros lo llaman realidad.

A las afueras, el océano de ruidos y palabras
abre la ruta de un inesperado horizonte
Escribo: ¿Dónde está esa humanidad atormentada
incapaz de dar signos de buena convivencia?

(Poema en desarrollo) 29.11.24 (9.37am)

Good Afternoon...

Sunset full of light
Lying on the edge of the bed
the breeze outside is gentle
the ocean calm
like a sheet stretched out in waiting.
Resting and reading a dream shorter than a century.
The calm a blow, the howl a stillness of pain
the hours peck at our feathers,
we struggle like waterlogged birds
to catch flight.

(Poem in development). Written at 2.43pm 29.11.24

Good Afternoon...

Atardecer luz plena
acostado a la orilla de la cama
la brisa afuera está en calma
el océano tranquilo
como sábana tendida en la espera.
Reposo la lectura del sueño más breve que un siglo.
La calma un golpe, el aullido quietud del dolor
las horas picotean las plumas,
pájaro mojado somos a veces
intención que atrapa el vuelo.

(Poema en desarrollo). Escrito a las 2.43pm 29.11.24

Good Night…

Close my door
the shore of this night
enters that harbour.
I begin to sail in my bed
ocean of sheets and pillows
I am the navigator
Where will I arrive at dawn?
Only a good rest will tell.
Maybe I've reached the shore of your memory.
I am a feather from ancient wings
Only time knows to whom it belongs.

(Poem in development) 29.11.24. 2.02 am.

Good Night…

Cierra la puerta.
La orilla de esta noche
entra en aquel puerto.
Comienzo a navegar
océano de sábanas y almohadas
Soy el navegante
Dónde arribaré en la madrugada?
Solo el buen descanso lo sabrá.
Tal vez llegue a la orilla de tu memoria.
Soy pluma de alas antiguas
Que solo el tiempo sabe a quién pertenece.

(Poema en desarrollo) 29.11.24. 2.02

Another Morning

The routine of awakening
The nakedness of silence
The steps of memory around the house
To take and drink the pills that grease
The chains of hours in the day.
All this and other little things are what make you live;
These little things left me without a pencil
Wall in flight that crashes into the word.
Here, in this instant the ink cries on the digital page.
I write, I only write so as not to dry up
The spring that whispers in my blood…

Otra Mañana

La rutina del despertar
La desnudez del silencio
Los pasos de la memoria alrededor de la casa
Tomar y beber las pastillas que engrasan
Las cadenas de horas en el día.
Todo esto y otras cosillas es lo que te hace vivir;
Estas cosillas me dejaron sin lápiz
Muro en vuelo que se estrella en la palabra.
Aquí, en este instante llora la tinta sobre la página digital.
Escribo, solo escribo para que no se seque
El manantial que susurra en mi sangre…

2. 12. 24 8.30 am

Sentence and pleasure after Silvia Ocampo

Condemned to live this sentence
Where the daily being dwells and the nocturnal being yawns,
Inhabiting a bed without a body to cover it
The daily self rises to live the grimace of its own word
The sowing for a time, the harvest for a shared hunger.
An orchard that tells it to the earth, roots of verses, literary images
 and some or other fruits
Going out in the evenings to visit the planet of selfishness, giants of evil
Or the like, as they mix with the marginalised spirits of good.
Sometimes I spot the lake of death and swim in the waters of survival.
I loved everything you gave me. All that you left me, still there, waiting.
Like crawling through childhood towards a word spelled out on an old
 typewriter.
With my grandson's fingers.
I am the sentence and the reward
Yesterday I was condemned for the whole night,
today I have the pleasure of being a ruined word
Of dusty reading.
I leave it Ernesto Cardenal: w*e are dust, but stardust*
In my weeping I have ashes of stars, ruins of the flesh
Children are buried in paper and pencil.
Yes, condemned to the brutality of power.
Yes, condemnation that silences us to live forever.

Condena y placer after Silvia Ocampo

Condenado a vivir esta sentencia
La vivo donde habita el ser diario y bosteza el ser nocturno,
En su ser cama sin un cuerpo que lo cubra
El ser diario se levanta a vivir la mueca de lo que es su palabra
La siembra por un tiempo, la cosecha por el hambre compartido.
Huerto que lo afirma a la tierra, raíces de versos, imágenes literarias
y uno que otros frutos
sale por las tardes a visitar el planeta del egoísmo, gigantes del mal,
no sé, mezclan con los duendes marginados del bien.
A veces diviso el lago de la muerte y nado en las aguas de la sobrevivencia.
Amé todo lo que me diste. Todo lo que me dejaste, ahí quieto en la espera.
Como gateando la niñez hasta ser palabra deletreada en una vieja máquina
de escribir
Por los dedos de mi nieto.
Soy la condena y el placer
Ayer fui condenado la noche entera, hoy tengo el placer de ser palabra
arruinada
De una lectura hecha polvo.
Lo dijo Ernesto Cardenal: *somos polvo, pero polvo de estrellas*
En mi llanto tengo cenizas de estrellas, ruinas de la carne
Niños enterrados en el papel y el lápiz.
Si condenados a la brutalidad del poder.
Si, condena que nos silencia para vivir.

‘Time forks perpetually into innumerable futures’. Jorge Luis Borges

for Felicity Plunkett

We are time that becomes verse
exchanged in a park of words
that fork out over trees, shadows,
entangled in the sound of the wind.
The sound between the leaves becomes a conversation.

So life must make paths of time
To return endlessly to the question:
What is the future in a verse?

The future should be a sound in the accent of the moon.
Where time forks in the echo of what we have not yet read
Where we don’t yet know how we will look at the dawn.

How to create a conversation between poets
that forks from illusions, or however it goes
paths that will cross again
or write to each other in another language.

‘El tiempo se bifurca perpetuamente hacia innumerables futuros’. Jorge Luis Borges

Para Felicity Plunkett

Somos tiempo que se hace verso
conversado en un parque de palabras
 que se bifurcan sobre árboles, sombras
y se enredan entre el sonido del viento.
El sonido entre las hojas se transforma en conversación.

Así la vida, debe hacer del tiempo caminos
Para volver innumerablemente a la pregunta:
¿Qué es el futuro en un verso?

El futuro, debería tener un sonido dentro del acento de la luna
Sobre el tiempo que se bifurca en el eco de lo que aún no leemos
Ni sabemos cómo vamos a mirar la aurora.

Cómo se crea una conversación entre poetas
que lamen de ilusiones, o algo parecido
los caminos que volverán a cruzarse
o a escribirse en otra lengua.

Theft

After T.S.Eliot

I

The meaning of thief in poetry according to Eliot:
'Immature poets are imitating, but mature poets steal'.
I imitated Vicente Huidobro when I was young,
Trying to escape the bars of my own Altazor.
At the beginning (*al comienzo*) too, I imitated the political style
Of Neruda.

II

Here this afternoon I ask myself
how can I steal the sound and rhythm of the bush?
Where birds are content.
The leaves are like wings attached to their breath.
Trees are the ancient roots of a land in conversation
with birds, petals, insects or bees.

III

The petunias are visitors sitting in a pot
Enjoying the quietness of the place.
I was reading life, when we fall too
birds eating or drinking the breath of a poem
on the mirror of the burned house.
I see my days surviving on a branch of that bush's rose
burned in the dream of our old friend.

8.1.24 Adelaide

Ladrón

Después de T.S.Eliot

I
El significado de ladrón en poesía según Eliot:
'los poetas inmaduros imitan, pero los poetas maduros roban'.
Imité a Vicente Huidobro cuando era joven,
intentando escapar de los barrotes de mi propio Altazor.
Al principio también, imité el estilo político de Neruda.

II
Aquí, en esta tarde me pregunto
cómo puedo robar el sonido y el ritmo del monte
Donde los pájaros están contentos.
Las hojas, alas unidas a su aliento.
Los árboles, raíces antiguas de una tierra en conversación
con pájaros, pétalos, insectos o abejas.

III
Las petunias son visitantes sentados en una maceta
Disfrutando de la tranquilidad del lugar.
Estaba leyendo la vida, cuando también cayeron
pájaros comiendo o bebiendo el aliento de un poema
en el espejo de la casa quemada.
Veo mis días sobreviviendo en una rama
de la rosa de aquel arbusto quemado en el sueño de nuestro viejo amigo.

8.1.24 Adelaida

Trilogy for a poetic reading of Sancho

Sancho riding between the moon and you gone

(Fragment)

The moon is the light
I have no pleasure
in my nights
for a long
reading of a certain Borges' sonnets
I am lost in the sound of their vowels
My left hand is a dead wing
touching its body in the oblivion of my dream.

Trilogía para una lectura poética de Sancho

Sancho cabalgando entre la luna y tu ida

La luna es la luz
no tengo placer
ya por mucho tiempo
en mis noches
Leyendo los sonetos de un tal Borges
Estoy perdido en el sonido de sus vocales.
Mi mano izquierda es un ala muerta
tocando el cuerpo en aquel sueño del olvido.

Sancho among the alleys of uncertainty...
(1st fragment)

The difficult return
of not knowing, yet
if we are
inhabitants of the alleys
of our own uncertainty…

Sancho entre los callejones de la incertidumbre..

El regreso difícil
De no saber, todavía.
Si somos
Habitantes de los callejones
De nuestra propia incertidumbre…

The absence rides upon Sancho's non-answers (2nd fragment)

My knight always
told me that I must
ride empty of doubts
I must know that the path
is the destiny of the squire
Follow him like a sun
warming up the road
of absences.
Answers that are the sound of hunger
attacking the senses
Not knowing when I'll come back to you…

La ausencia cabalga sobre las sin respuestas de Sancho (2nd fragment)

Mi caballero siempre dijo
que yo debo cabalgar vacío de dudas
Debo saber que el camino
es el destino del escudero
Seguirlo como un sol
Calentando el camino
Repuestas que son un sonido del hambre
Que atacan los sentidos
De no saber cuándo voy a volver a ti…

Sancho with his Knight of the Baleful Bearing: Why didn't Cervantes kill Sancho or Rocinante?

I read a sentence of centuries riding
on pages of forgetfulness
I read again about the weariness of being
what death thinks of me
tonight, I opened Miguel de Unamuno's heart
and re-read everything written against the Generalísimo
I gather his questions and answers: On Unamuno's Sancho
'who is Sancho, I say, the one commissioned by God
to definitively establish Quixotism on the earth…'

Cervantes will be the spirit of God on earth
until one reader can open and let Don Quijote and Sancho
ride new and human adventures in their innocent madness
Homeless madness occupying the shame of our stained pathways
Protesters howl 'Stop the genocide in Gaza' 1948-present times
First Nations brothers and sisters
occupy the squares of their own ancient dream.
Yes, Don Miguel de Unamuno: Who is Sancho today?
He is among us, disinherited, marginalised
in this shameful system.

Sancho con su Caballero de la Triste Figura ¿Por qué Cervantes no mató a Sancho, ni a Rocinante?

Leo una frase de siglos que cabalga
en páginas del olvido
vuelvo a leer sobre el cansancio de ser
lo que la muerte piensa de mí.
Esta noche he abierto el corazón de Miguel de Unamuno
y releo todo lo escrito contra el Generalísimo
Recojo sus preguntas y respuestas;
Sobre el Sancho de Unamuno:
'*...qué es Sancho, digo, el encargado por Dios*
de instaurar definitivamente el quijotismo en la tierra'.

Cervantes será el espíritu de Dios en la tierra
hasta que un lector pueda abrir y dejar que Don Quijote y Sancho
Cabalguen nuevas y humanas aventuras de la inocente locura.
Locura sin techo que ocupó la vergüenza de nuestros caminos sucios
Aullidos de manifestantes: ¡Alto al genocidio en Gaza, desde 1948 al día de hoy!
Hermanos y hermanas de las Primeras Naciones
ocupan la plaza de su propio sueño ancestral
Sí, Don Miguel de Unamuno, ¿Quién es hoy Sancho?
Sancho es uno de nosotros desheredados, marginados
de este sistema de mierda.

On Australia

This very moment
I wish to offer you
Three thhings that are
Right next to the
Oldest parts of myself
Peter Boyle

Long live the fire of your life, My Brother Stephen Goldsmith.

1
The fire burns between pieces of wood
cut by hands, sorrows and hearts
On the bonfire in the courtyard
Embraced by joy, laughter and love.
My brother was a warrior of life and grew up in this land
His fire mended our broken hearts on earth,
And became a dance within his ancestral spirit.
Fire is the spirit of his journey deeply
rooted in the care of our mother earth.
We share a passion and respect for struggle as a welcome to country
In your land of so much injustice under this subtle colonial and occupying system.
Your fire is a place of eternity
I saw you as flames slowly, softly lit by your beloved son.
The fire made us inhabitants of the wounded land we have lived on for so long.

2
The Tree of Revolution was our meeting place.
Brother your heart always was a fist carrying solidarity.
So how can I write to you?
when you are still flying around the trunk of the Tree of Revolution.

Not planted by us, but there from so long ago
We created a great exchange of ideas
a celebration of who we are on this earth.
We should have travelled to Cuba and to the Wallmapu
the land of the Mapuche people.
We should have gone together to the deep country.

3

Sometimes when I am tired of waiting, I sit down under the Tree of Revolution
I close my eyes and let the dialogue of leaves and branches recreate our conversation
amidst the laughter of the wind chasing the leaves
like the wings of native birds flying towards the sky.
Brother, missing you is my revolutionary duty, I miss you like an embrace unfinished by circumstances.
I miss Javier and his commitment to revolution, and that tender way of convincing us
that we would defeat fascism in Chile.
I miss Jorge, my brother, uncle of my children and brother and friend of Carla, you know what I mean; Yes. You were a builder of scaffolds, who always offered sincere friendship and care.
I miss Janet, the red nun, my friend and *compañera*, who loved the poor of this city, the refugees of this country, the abused and marginalised inhabitants of these ancestral nations.
You were all flames of love, solidarity and friendship. Sometimes I still feel that
I am taken empty-handed from existence.

Since we met, my brother, I felt that we planted a new life connected to the common suffering, struggle and roots of our mother earth.
Since we met and named the Tree of Revolution, every leaf and every branch were wings of freedom, the fire of revolution.
Hasta la Victoria Siempre !!!!! My brother and comrade Stephen Goldsmith.

En Australia

En este preciso momento
deseo ofrecerte
Tres cosas que están
Justo al lado de las
partes más olvidadas de mí mismo.
Peter Boyle

Viva el fuego de tu vida, Hermano Stephen Goldsmith.

1
El fuego arde entre trozos de madera
cortados por manos sencillas,
con la razón de las penas y los corazones partidos
En la hoguera del patio
Abrazados por las alegrías, risas y amor.
Mi hermano fue un guerrero de la vida y creció en esta tierra.
Su fuego reparó nuestros corazones heridos,
Se hizo danza con su espíritu ancestral.
El fuego, alma de su profundo viaje
arraigado en el cuidado de la madre tierra.
Compartimos la pasión y el respeto por la lucha
de tanta injusticia bajo este sutil sistema colonial e invasor.
Tu fuego lugar de eternidad
Te vi entre llamas lentas, suavemente encendido por tu amado hijo.
El fuego nos hizo ciudadanos de la tierra herida que habitamos.

2
Árbol de la Revolución fue nuestro lugar de encuentro
Hermano, tu corazón siempre tuvo un puño para llevar solidaridad
¿Entonces, cómo puedo escribirte
cuando todavía estas volando alrededor
del tronco de aquel Árbol de la Revolución?
Nosotros, no lo plantamos, estaba allí hace tanto tiempo

Nosotros, creamos una gran conversación de ideas
una celebración de lo que somos en esta tierra.
Deberíamos haber viajado a Cuba y al Wallmapu
la tierra del pueblo Mapuche.
Deberíamos haber ido juntos a tu país profundo.

3

A veces cuando estoy cansado de esperar, me siento bajo el Árbol de la Revolución
cierro los ojos y dejo que el diálogo de hojas y ramas recreen aquellas conversaciones
entre la risa del viento que persigue las hojas
como alas de pájaros nativos volando hacía el cielo.
Hermano, te extraño como un deber revolucionario, te extraño como un abrazo inconcluso por las circunstancias.
Extraño a Javier y su compromiso por la revolución, y esa tierna manera de convencernos que venceríamos al fascismo en Chile.
Extraño a Jorge, hermano, tío de mis hijos; hermano y amigo de Carla, sabes a lo que me refiero. Fuiste constructor de andamios, ofreciste la amistad y el cuidado sincero.
Extraño a Janet, la monja roja, amiga y compañera, quien amó a los pobres de esta ciudad, a los refugiados, a los habitantes maltratados y marginados de estas naciones ancestrales.
Todos, ustedes fueron llamas de amor, solidaridad y amistad, a veces aun siento que me toman las manos vacías de la existencia.
Mi hermano desde que nos encontramos, sentí que plantamos una nueva vida conectada al sufrimiento común, la lucha y la raíz a la madre tierra.
Desde que nos encontramos y nombramos el Árbol de la Revolución, cada hoja y cada rama fueron alas de libertad, fuego de la revolución.
¡¡¡Hasta la Victoria Siempre!!! Mi hermano y camarada Stephen Goldsmith.

I am a body in flight

To Monica Elberink

On my way back to Adelaide from the Perth Poetry Festival
I sit in 4D creating a space to read a *poema*
From *Reading Vintage Neruda Selected Poems*
With my body sinking into the page, deep in waves of dreams
Moving from nothingness at the sip of a tasty red.
Outside Neruda's Ocean are rhythms of words, waves and blackness.
Time is in flight, attached to the blank page like a *poema*
Embracing my body and floating like a bird tired and happy
With what he did on the ground by the banks of the Swan River.
Lines and words came as a sense of bodies that decolonized
their vision of the words they pronounced
on the traces of the shore falling from flight to be waves again,
verses announcing departure.

Fremantle town invites us from the lighthouse
to be birds sweeping into the mouth of the Swan River
swallowing the distracted waves that anchor off the side.
Where ships silence their horns at sunset
to drink the sea air in a Neruda verse
flying without earthbound roots
swaying as sails dance like seafarers of ancient times
singing the stillness of the shores as if the water
called out: cheers! comrades
injustice still has oceanic roots
no footprints, it has
mistreated every inhabitant of this place, bringing
the price of oblivion
memory and verses will pay one day,
that debt of so many wounds
on those bodies that were oceans of their own existence
of peace and not war.

Flight glides into land, hides the flavours of a sea kiss
on the stone in my hand, quartz crystal
moist from the waves that sweetened my lips.
the night is a harbour carrying my luggage
my body touching down from the rhythm of thoughts in flight
re-reading Neruda on the lives of those curved lines
of the river that taught me its majesty in the ancestral land of Whadjuk
people

Soy un cuerpo en fuga

A Monica Elberink

De regreso a Adelaida desde *el Festival de Poesía de Perth*
Me siento en 4D creando un espacio para leer un poema
De *Reading Vintage Neruda Selected Poems*
Con mi cuerpo hundiéndose en la página, sumido en olas de sueños
Moviéndome desde la nada a sorbos de un sabroso tinto.
Fuera del Océano de Neruda hay ritmos de palabras, olas y negrura.
El tiempo vuela, pegado a la página en blanco como un poema
Abrazando mi cuerpo y flotando como un pájaro cansado y feliz
con lo que hacía en tierra a orillas del río Cisne.
Líneas y palabras llegaron como un sentido de cuerpos que descolonizaban
su visión de las palabras que pronunciaban
sobre las huellas de la orilla cayendo del vuelo para volver a ser olas,
versos que anuncian la partida.

La ciudad de Fremantle nos invita desde el faro
a ser pájaros barriendo la desembocadura del río Swan
tragándose las olas distraídas que anclan en la orilla.
Donde los barcos apagan sus pipas al atardecer
para beber el aire del mar en un verso de Neruda
volando sin raíces terrestres

meciéndose mientras las velas danzan como marinos de antaño
cantando la quietud de las orillas como si el agua
gritara: ¡Salud, camaradas!
la injusticia aún tiene raíces oceánicas
no tiene huellas
maltratado a cada habitante de este lugar,
trae el precio del olvido
la memoria y los versos pagarán algún día
esa deuda de tantas heridas
en esos cuerpos que fueron océanos de su propia existencia
de paz y no de guerra.
El vuelo planea hacia tierra, esconde los sabores de un beso de mar
en la piedra de mi mano, cristal de cuarzo
húmedo de las olas que endulzaron mis labios.
la noche es un puerto que lleva mi equipaje
mi cuerpo aterriza al ritmo de los pensamientos en vuelo
releyendo a Neruda en la vida de esas líneas curvas
del río que me enseñó su majestuosidad en la tierra ancestral del pueblo
Whadjuk.

Pain and Nothing. After W Faulkner.

Given the choice between the experience of pain and nothing, I would choose pain.
William Faulkner

Reading Faulkner's line
I find a well where I took a basket of fresh water
I don't know if to drink or refresh my wounded soul
My eyes can be two fish jumping and swimming in deep, dark-cool liquor
Navigating through the bubbles and infinite echoes of myself.
Drinking the space of nothingness within the time that kills
The pain that drags my soul through the alleys
that bares my passion but also hits my skin
with voltages of cruelty until they scorch
the pain of my existence and throw me inside
the bars of isolation; the prison that still inhabits my memory.

like a bird with its claws grasping at a dark reflection in the well that was.

El Dolor y la Nada. Después de W Faulkner.

Si me dan a elegir entre el dolor y la nada, elijo el dolor.
William Faulkner

Leyendo esta frase de Faulkner
Encuentro un pozo donde cogí un cesto de agua fresca
No sé si para beber o para refrescar mi alma herida
Mis ojos pueden ser dos peces que saltan y nadan en el licor profundo y oscuro
Que navegan por burbujas y ecos infinitos de mi mismo.
Bebiendo el espacio de la nada que pertenece al tiempo que mata.
El dolor es lo que arrastra mi alma por los callejones
que desnudan mi pasión pero también golpean mi piel
con voltajes de crueldad hasta abrasar
el dolor de mi existencia y me arrojan dentro
los barrotes del aislamiento; en esa prisión que aún habita en mi memoria

Como un pájaro aferrándose con sus garras
reflejo oscuro en aquel pozo que fue.

The Coloured Walls of Sylvia Plath

1
*The white wall**
Again midnight, a cold June night.
I summon sleep by reading *Crossing the Water* by *Sylvia Plath.*
Sick in bed like an old boat trying to catch verses
That illuminate my head, but I can only see water in the room.
The lamp is on and the boat rocks between books and wall
Sylvia winks at me in the line *angels swim in it**; I stop
And close the book.
2
*a grey wall now**
her verses invite me to not fear the amazement of this wall
each one through our mind and body feels
the deep tunnel of water where no life or birds
can survive the destruction of self
when *only a sourness* feeds our soul
against a new humanity and the broken walls of Gaza.

3
*This red wall winces**
We have become accustomed to creating our own red walls of the soul.
They accustom us to the adjective of crosses and prayers
The sky was filled with grey petitions *and rain of pietas**
Until our red fist broke the walls and chains of our sad existence

4
*On a black wall,**
Here comes Sylvia Plath inviting us
to read from the walls whatever colour they may be
They kill us; they howl at us, they leave us here
in this jungle trapped in flightless wings.
They sentence us to create what we are not,

what we must prepare for the flight.
In this mute, blind and devastated immortality
We arrive, in the end, where only *cold blanks approach us**.

*Lines from the Sylvia Plath poem 'Apprehensions'

Paredes de colores de Sylvia Plath

1
*La pared blanca**
De nuevo medianoche, una fría noche de junio.
Invoco el sueño leyendo, cruzando el agua, de Sylvia Plath.
Enfermo en la cama como un viejo, barco que intenta atrapar versos
que iluminen mi cabeza, pero sólo veo agua en la habitación.
La lámpara está encendida y el barco se mece entre los libros y la pared
Silvia me guiña un ojo en la línea ángeles nadan en ella*; me detengo
Y cierro el libro.
2
*una pared gris ahora**
sus versos me invitan a no temer el asombro de este muro
cada uno a través de nuestra mente y cuerpo
siente el profundo túnel de agua donde no hay vida ni pájaros
podemos sobrevivir a la destrucción de nosotros mismos
cuando sólo una amargura alimenta nuestra alma
contra una nueva humanidad en los muros socavados en Gaza.

3
*Este muro rojo se estremece**.
Nos hemos acostumbrado a crear nuestros propios muros rojos del alma.
Nos acostumbraron al adjetivo de cruces y oraciones
El cielo se llenó de peticiones grises y lluvia de pietas*
Hasta que nuestro puño rojo rompa los muros y las cadenas de nuestra
triste existencia

4

En un muro negro, *

Aquí viene Silvia Plath invitándonos
a leer en los muros sean del color que sean
Nos matan; nos aúllan, nos dejan aquí
en esta jungla atrapados en alas sin vuelo.
Nos condenan a crear lo que no somos,
lo que debemos preparar para el vuelo.
En esta inmortalidad muda, ciega y devastada
Llegamos, al final, donde sólo fríos espacios en blanco se acercan a nosotros*.

*Líneas del poema 'Aprehensiones' de Sylvia Plath

Another Day at the Garden…

Harvesting long green beans from a raised garden bed.
My shadow calling the basket
and the tin bed.
I pick and fill.
I touch a flower with my fingers. Your name pronounced in a bouquet.
Your smell on my skin; I eat green beans
like a kiss in my hungry memory.
You know, beans are pencils with green ink spilt in this poem.
The past tastes like the pleasure of a kiss
on the skin of what we, the January comrades, once were.

Otro día en el huerto…

Cosecha de porotos verdes en un huerto elevado en el jardín.
Mi sombra reclamando a través de la cesta
y el huerto es de lata.
Hasta que voy recogiendo y rellenando.
Toqué una flor con mis dedos. Era tu nombre pronunciado dentro de un ramo.
Tu olor estaba en mi piel; me comí un par de porotos verdes
como un beso en mi memoria hambrienta.
Ya sabes, los porotos verdes son lápices de tinta verde en este poema.
El pasado tiene el sabor a un beso en la piel de lo que fuimos los eneros.

I have the right to want to see a flower that walks… Vicente Huidobro

My dear Vicente Huidobro
I read your Manifesto again
Here I am feeling like shit.
Here I am eating the sound of a word
that I only utter so as not to die of loneliness...
I don't know who I'll be in this poem tomorrow,
I don't know if after their eyes dig through this page
It will be empty or thrown into the digital sky of oblivion.

What will you find here?
I don't know how far I am from seeing what my heart
asks of my principles.
(I love Fidel and the Cuban revolution).
But here I am crucified in a body that is rotting.
And I steal this phrase from Fernando Pessoa: To travel! To lose countries!
To be another constant…!'.
And I go back to the vegetable garden to converse
with an aubergine that I have cut for you.
Yes, I confess!
I am a thief of fresh fruit,
I like to dig up stolen fruits
from the earth and take them away; to leave them in your hands

I don't know whether they will rot in the waiting.
I know very well that I am a gardener of the noontime
Or sometimes of the sunset and its busy unfinished journeys,
among aromas that speak to me.
I savour what I understand but spit out what I do not.
I scratch at what you give me and what you don't.
Where can I set up a window to see everything without distance.

And I don't want this to be a poem; as Jorge Teiller said:
Believe me, I am a bilingual poet among the dry leaves of this reality,
that shrivel up where no one, when I say no one, I mean you, reads them.
Today I cry...I cry in this frozen night consumed by midnight,
Today I cry drinking the coldness of your absence, (when the moon rises
uncertain)
I dance, I dance, I dance with Chico Trujillo in a recital
(Festival del Huaso de Olmue, 2009 Chile).

I don't know who in this world finally calls me/
From this world that I don't love and that doesn't love me
(Pedro Antonio Gonzalez Valenzuela said it back in 1900)
And I repeat it after a century with a verse of mine
Damned world that makes us be television warriors,
Drinking the blood of so many wars that make us nobody.

I am a corpse
Modern or old-fashioned, what does it matter now,
Bringing and leaving verses on the shores of dawn.
Which one?, I don't know.
I am tired, going to bed
By the rose bush in my garden
Good night citizens of death and injustice.
I'm a dry leaf of April sailing through the ditches
Of these days of rain and cold.

Yo tengo derecho a querer ver una flor que anda... Vicente Huidobro

Mi querido Vicente Huidobro
Vuelvo a leer tu Manifiesto
Aquí estoy hecho mierda.
Aquí estoy comiéndome el sonido de una palabra
que solo pronuncio para no morir de soledad...
no sé quién seré en este poema mañana,
no sé, si después que sus ojos escarben esta página
quedará vacía o lanzada al cielo digital del olvido

¿Qué encontrarás aquí?
no se cuán lejos estoy de ver lo que mi corazón
le pide a mis principios.
(Amo a Fidel y a la revolución).
Pero aquí estoy crucificado en un cuerpo que está pudriéndose.
Y robo esta frase de Pessoa: "¡Viajar! ¡Perder países! ¡Ser otro constantemente...!".
Y vuelvo a la huerta a conversar
con una berenjena que he cortado.
¡¡Sí, lo confieso!!
Soy ladrón de frutos frescos,
Me gusta desenterrar del huerto los frutos robados
a la tierra y llevarlos;
dejarlos en las manos

¿No sé si se pudrirán en la espera?
o le alimentarán de cariño el alma y el cuerpo.
Lo sé muy bien, que soy jardinero del mediodía
O a veces del atardecer atareado de viajes inconclusos
entre aromas que me hablan;
mastico lo que entiendo, pero escupo lo que no.
Rasguño lo que me das y no me das.
¿Dónde armaré una ventana sin distancia para verlo todo?

No quiero que esto sea un poema; como lo dijo Jorge Teiller.
Créanme soy un poeta bilingüe en hojas secas de esta realidad,
se secan ahí donde nadie, cuando digo nadie te nombro a ti, léalos.
Hoy lloro…lloro en esta noche helada consumida de medianoche,
Hoy lloro bebiéndome el frio de la ausencia, (cuando la luna se alce incierta)
Bailo, bailo, bailo con el Chico Trujillo en un recital
del (Festival del Huaso de Olmue, 2009 Chile)

No sé quién de este mundo al fin me llama
De este mundo que no amo y que no me ama
(lo dijo por allá en 1900, Pedro Antonio González Valenzuela)
Y lo repito después de un siglo con un verso mío
Maldito mundo que nos hace ser guerreros televisivos,
Y beber la sangre de tantas guerras que nos hace ser nadie.

Soy cadáver
Moderno o de antaño, qué importa ya,
Trayendo y dejando versos a la orilla del amanecer
¿De cuál? No lo sé
Estoy cansado. Me voy a acostar
Junto al rosal de mi jardín.
Buenas noches ciudadanos de la muerte y la injusticia.
Soy hoja seca de abril navegando por las cunetas
De estos días de lluvia y frío.

I have been a citizen for 34 years

The blood of my spirit is my language, and my homeland is the sovereign territory of its word (Miguel de Unamuno).

This century fell into my words with its sovereign predictions
humanity already has finely laced scars
wounds of living and dead shadows,
genocide bloodying the lights of the moon
on our images of the homeland long ago and now.
Damaging our skin with banal desire,
The digital state now reigns supreme.
Blood flows senselessly along the shores of the global flow,
silencing and confining us to being who we are not.
Here we were a handful of dying dialogues
that meant nothing to anyone. Our word did not yet exist
the air asphyxiating what we could never say.
We were the diverse shoots of those accents that didn't flower
attempting to search in the bilingual dictionary
for the answer to your smile or your anger
and thus creating the need for an embrace.
This accent that made us rehearse a thousand times
the closest pronunciation for a possible dialogue.
Had we only known it was for the ears of those citizens
who had refused to listen
to the spirit and accent of this ancestral land
Those of us who inhabit another language
did not know that they, with the blood of their dominant language
emboldened the spirit of death.

Thank you Don Miguel de Unamuno for refreshing the spirit of my words.
I have simple verses to share in my new homeland
The spirit of my blood flows from knowing the truth about so much racism
And gives no truce to so much cowardice and greed.
May that be so for our First Nations people, reading the Uluru Statement
That is the sovereign territory of the words 'to live in freedom'.

Soy ciudadano hace 34 años

La sangre de mi espíritu es mi lengua y mi patria es allí donde resuena soberano su verbo (Miguel de Unamuno)

Este siglo cayó a mi palabra con su soberano sortilegio
la humanidad ya tiene cicatrices de encajes
heridas de sombras, vivas y muertas
genocidio ensangrentando las luces de la luna
que nos muestra la patria de antes y de ahora.
Que nos daña la piel de banal deseo,
Lo digital es el supremo estado de ser.
Fluye la sangre sin sentido por la orilla del caudal global,
Que nos silencia al encierro de ser quienes no somos.
Aquí fuimos un puñado de diálogos moribundos
Que a nadie le puede importar. Nuestra palabra aun no existía
Fue el aire que asfixiaba lo que nunca pudimos decir.
Fuimos brotes diversos de aquellos acentos sin flor
intentos de buscar en el diccionario bilingüe
la respuesta a tu sonrisa o a tu ira
y así crear la necesidad del abrazo.
Este acento que nos hizo ensayar mil veces
la más cercana pronunciación de un posible diálogo.
Si saber que eran para los oídos de estos habitantes
que se habían negado a escuchar
el espíritu del acento en esta tierra ancestral.
Nosotros, habitantes de otra lengua
no supimos que ellos con su sangre de lengua dominante,
sangre que se hizo espíritu de muerte.

Gracias Don Miguel de Unamuno por refrescar el espíritu de mi palabra
Tengo versos sencillos para compartir en mi nueva patria
El espíritu de mi sangre fluye por saber la verdad de tanto racismo
Y no dar tregua a tanta cobardía y codicia
Que sean las primeras naciones que lean su mandato de Uluru
es allí donde resuena soberano su verbo de vivir en libertad.

What the poets of more powerful epochs called inspiration? by Stefan Zweig

Inspiration...is a word eaten by the metal teeth of darkness
Inspiration...is the rhythm of a gentle smile of a Syrian boy killed by Isis military occupation forces.
Inspiration...is an act of rebellion against the dawn of democracy's lies.
Inspiration... is when you can listen the beauty of who we are.
I am a mute bird drinking the water of your river
that I dreamed last night from your soul

¿Lo que los poetas de épocas más potentes llamaron inspiración? para Stefan Zweig

¿La inspiración ... es una palabra que comen los dientes de metal de las tinieblas?
La inspiración ... es el ritmo de una suave sonrisa de un niño sirio asesinado por las fuerzas de ocupación.
La inspiración ... es un acto de rebelión contra los amaneceres de tantas calumnias de la democracia.
La inspiración ... es cuando tú puedes escuchar la belleza de lo que somos.
Yo soy un pájaro mudo bebiendo el agua de aquel río
Que soñé anoche desde tu alma.

Trying to finish the last chapter of Roberto Bolaño's book: Nazi Literature in the Americas (pages 199, 202-204).

(Valech Commission) the number of direct victims of human rights violations in Chile accounts for around 30,000 people: 27,255 tortured and 2,279 executed. In addition, some 200,000 people suffered exile and an unknown number went through clandestine centres and illegal detention.

I close the book, like I open and close the back door of the house.
Interrupt my lectura/reading as many ways as possible, spending time just
being there.
The last sips of Brazilian coffee that I made to enjoy with my reading,
Now cold as I read the final paragraphs.
I stand up again to hang up clothes that are ready; this morning the sun's
warmth is
perfect for drying everything.
I hear a strange voice from where the book lies open,
a line jumps into the air when poetry is written by non-poets and read by
non-readers.
Then I realize I have a missed call: Please, call me! was the message.
But only a few pages to go and I will be done.
Slotting my own final lines into this chapter on Ramírez Hoffman,
I would like to ask Roberto if Hoffman was a member of DINA.
(Secret Police of the dictator.)
If Contreras-Pinochet knew him or if he was just a reincarnation of other
poets still alive or dead.
I can say to Bolaño, I knew, as a young poet in the 80s, that Zurita was the
only bourgeois poet
able to fly through the sky of terror and curfew,
those days and nights in Chile. Zurita, like your character Ramírez Hoffman,
flew with lines of poetry against the nazi-darkness of Pinochet.
Death is Chile*.
I still remember that morning on the roof of my house,

seeing the flames and fire of terror at the Moneda Palace of Allende's
gobierno.
Bolaño, what do you mean? When will you write that third line in the sky?
Death is responsibility*

Intentando terminar el último capítulo del libro de Roberto Bolaño: La Literatura Nazi en América, (páginas 199, 202-204).

(Comisión Valech) el número de víctimas directas de violaciones de los derechos humanos en Chile asciende a unas 30.000 personas: 27.255 torturadas y 2.279 ejecutadas. Además, unas 200.000 personas sufrieron el exilio y un número indeterminado pasó por centros clandestinos y detenciones ilegales.

Cierro el libro. Como, abro y cierro la puerta del patio de casa.
Interrumpo mi lectura de todas las maneras posibles,
pasando el tiempo simplemente estando allí.
Los últimos sorbos del café brasileño que preparé para disfrutar con mi lectura,
ahora frío mientras leo los párrafos finales.
Me levanto de nuevo para colgar la ropa que está lista en la lavadora;
esta mañana el calor es perfecto para secarlo todo.
Oigo una voz extraña desde donde el libro yace abierto,
una línea salta al aire cuando la poesía escrita por no poetas es leída por los no
lectores.
Entonces me doy cuenta de que tengo una llamada perdida: Por favor, ¡llámame!;
era el mensaje.
Pero sólo faltan unas páginas y habré terminado.
Insertaré mis últimas líneas en este capítulo sobre Ramírez Hoffman,
me gustaría preguntarle a Roberto, si Hoffman era miembro de la DINA.
(Policía Secreta del dictador).
Si Contreras-Pinochet lo conocieron o si sólo fue una re-encarnación
de otros poetas vivos o muertos.
Bolaño puedo decirte que supe, como joven poeta de los 80, que Zurita era el

único poeta
burgués capaz de volar por el cielo del terror en pleno toque de queda,
aquellos días y noches en Chile.
Zurita, como tu personaje Ramírez Hoffman,
voló con líneas de poesía contra la oscuridad nazi de Pinochet.
La muerte es Chile*.
Aún recuerdo esa mañana sobre el techo de mi casa,
viendo las llamas y el fuego del terror en el Palacio de la Moneda del
gobierno de Allende.
Bolaño, ¿qué quieres decir? ¿Cuándo escribes esa tercera línea en el cielo?
La muerte es responsabilidad*.

Visiting Gabriela Mistral

We visited your school
We visited your valley
I walked through your streets,
As if visiting an abandoned place.
On some nights I read poems in your public square.
Searching for your name
Like the smell of a tired animal,
fallen under the moonlight.
Blinking verses towards the deep basin of the river
That still whispers those children's verses at night
That learned low echoes of yesteryear
among stones, fish and sunsets
To the sound of school bells ringing
'Give me your hand and we will dance
Give me your hand and you will love me.'
Already tired out, I fell asleep in the hands of your valley
In the moon dancing over the Andes that I long for.

Visitando a Gabriela Mistral

Visitamos tu escuela
Visitamos tu valle
caminé tus calles,
como se visita un lugar abandonado.
Hubo algunas noches que leí poemas en tu plaza.
Busqué tu nombre
Como el olfato de un animal cansado,
caído bajo la luz de la luna.
Pestañeando versos hacia la cuenca profunda del río
Que aún susurra en la noche esos versos infantiles
Que aprendió bajos ecos de antaño
entre piedras, peces y atardeceres
Que entonaban las campanas de la escuela
'Dame la mano y danzaremos
*Dame la mano y me amarás'.**
Ya agotado, me dormí en tus manos de valle
luna danzando sobre los Andes que añoro.

- *Versos de Gabriela Mistral*

After Atlas by Malaine Crawford

Glued to the wall; colours, stains that breathe on the canvas.
Eternity of space creating an imagined time.
Mixed between black and light blue, imposed on white canvas
That sky which appears between clouds hiding there in the barricades.
But the back of a hint of fiery red falls, opening the wound.
I distract myself with a brushstroke of light coffee
Without knowing where that strand of shore begins
As it comes towards me here, where I am nailed to the wall of its fabric

After Atlas by Malaine Crawford

Pegado al muro colores y manchas que respiran en la tela.
Eternidad del espacio creando un tiempo imaginado
Mezcla entre lo negro y lo celeste se impone sobre tela blanca
Ese cielo que aparece entre nubes que se ocultan allá en las barricadas.
Pero cae el lomo de una pizca de rojo ardiente abriendo la herida
Me distraigo con una pincelada de café claro
Sin saber donde comienza aquel pedazo de orilla
que viene hacia mi, ahí donde estoy clavado en el abismo de su tela.

G'day, Australia!

There is no deep rest just resistance.
To this loyal brand
Of silence. – *Natalie Harkin*

This morning, I am reading *Dirty Words* by Natalie Harkin.
I sip a weak long black coffee while the verses of genocide
enter my heart and taste like the wake-up weapon of a long
silent history on this land.
I am a citizen of this uncertain time
There is no deep rest just resistance.
My verses were in my prison cell bones
In my dreams that never came for many nights.
When they did, I couldn't remember with/out bars.
On my everyday walks through unnamed streets or suburbs
Where I lived in silence like a shadow from many cruelties.

I learned words by browsing an old bilingual dictionary.
Hojeando palabras searching for the sound I needed to utter
Stop and read
Sit and have a look at the meaning of it.
Eyes/mind travel to communicate through an old native tree
and hang upon its branches.

I am an old, tired bird dancing with wings that have hèaled.
I inhabit this city that I call home
Upon stolen land I breathe the resistance of home.
I dig around for decolonized words that I found in a secondhand bookshop

That had already been removed.
by the new consumerism of digital readers on the marketplace.
Natalie had referenced John Howard
Questioning him about his lucky country.
Buenas noches. Duerme tranquilo

In my verses Pinochet is still a ghost or vampire sucking the blood
of generations to come.
Let me finish the last sips of the poem
Let me finish the last sip of the weak long black (Yes)
I left the poem written today at 9.35am resistance is an emptied cup
Have a good day, mate!!

Buenos días, Australia!

No hay descanso profundo sólo resistencia.
A esta marca leal
Del silencio. – *Natalie Harkin*

Esta mañana leo *Dirty Words*, de Natalie Harkin.
Doy un sorbo de café no tan cargado, mientras los versos del genocidio
entran en mi corazón y huelen a arma que despierta
de una larga historia silenciada.
Soy ciudadano de este tiempo incierto
No hay descanso profundo sólo resistencia.
Mis versos estaban en los huesos de mi celda
En mis sueños que nunca llegaron durante muchas noches.
Cuando ellos trataron no pude recordar con/sin rejas.
En mis paseos cotidianos por calles sin nombre o suburbios
Donde vivía en silencio como una sombra de muchas crueldades.

Aprendí palabras hojeando un viejo diccionario bilingüe.
Hojeando palabras buscando el sonido que necesitaba pronunciar
Parar y leer
Sentarse y busca su significado
Ojos/mente viajan para comunicarse a través de un viejo árbol nativo
y colgar de sus ramas.
Soy un pájaro viejo y cansado que baila con alas que han cicatrizado.
Habito esta ciudad que llamo hogar
Sobre tierra robada por colonizadores ingleses,

respiro la resistencia del hogar.
Releo palabras descolonizadas que encontré en una librería de segunda mano.

Esas ya han sido eliminadas
por el nuevo consumismo de lectores digitales en el mercado.
Natalie se había referido a John Howard
Cuestionándole, el país que él llama *país de las oportunidades*
Buenas noches. Duerme tranquilo
En mis versos todavía Pinochet es un fantasma o vampiro chupando la sangre
de las generaciones venideras.
Déjame terminar los últimos sorbos del poema
Déjame terminar el último sorbo del café (Sí).

Dejé el poema escrito hoy a las 9.35am
la resistencia es una taza vaciada
¡¡Que tengas un buen día, compañero!!

We are the instance of a smile

Instance of a smile as we pass by without attention
Created by particles in skin that the sun burns,
In the flesh of that dust
On the yawning thigh in the unsure face
Falling from the dead stars.
All is and will be
Colourless worn photograph
Of a cold day lit
By the tears of the universe.

Somos instante de un sorbo

Instante de una sonrisa al paso sin atención
Creada por partículas en la piel que quema el sol,
En la carne de aquel polvo
Sobre el bostezo del muslo en el rostro inseguro
Que cae de las estrellas muertas.
Todo es y será
Fotografía gastada sin color
De un día frío alumbrado
Por lágrimas del universo.

25.10.24

Talking to Ezra Pound's ghost about old W.B. Yeats

I was a Condor flattened beyond the valley
Where the shadows were noises of blasts
And the dead, our dead, were shot into the wilderness
I never read your verses in Spanish
Now in this calm exile
Where the heat hugs your belly
and sweat is a verse without giving birth
I find your life and your muse
your verses appear and go towards the dazzling sunset
where Ezra Pound reads poems to the older Yeats
whose light knows how to touch the consonants of a new poem.

Conversando con el fantasma de Ezra Pound sobre el viejo W.B. Yeats

Yo fui un Cóndor aplastado más allá del valle
Donde las sombras eran ruidos de ráfagas
Y los muertos, nuestros muertos,
fueron fusilados hacia el desierto
Nunca leí tus versos en castellano
Ahora en este destierro en calma
Donde el calor te abraza la barriga
y el sudor es un verso sin parir
encuentro tu vida y tu musa
tus versos aparecen y se van a donde el ciego atardecer
Ezra Pound lee los poemas para el viejo Yeats
su luz sabe tocar las consonantes de un poema por nacer.

Bread

Bread is made on the page
White table merging
Water, yeast and fingers
In the home recipe

Hunger is real on the threshold of the poem
There is the shadow that surrounds the blankets
Body reaching the port of agony
Night Survivor in the storm
Cold and empty
The street slips in the morning
Window without glass
Home uninhabited
Classified by the Market Investment

Bread like hunger is real
On the threshold of the man who inhabits the street

Pan

Se hace pan en la página
mesa blanca mezclando
El agua, la levadura y los dedos
En la harina de la receta casera

El hambre es real en el umbral del poema
Ahí está la sombra que envuelve las frazadas
Cuerpo llegando al puerto de la agonía
Sobreviviente de la noche en tormenta
Fría y vacía
La calle se desliza sobre la mañana
Ventana sin vidrios
Casa deshabitada
clasificada por el mercado de las inversiones.

El pan como el hambre es real
el hombre habita la calle sin pan.

Without this loss

During these times of measures and divisions
a verse by Dante sways in the reflection
*Like a pilgrim who would return bound to**
What is no longer by our side.
The glass in that window
Streaked with crying
From the dew falling from so much pain
At every sunrise.
We are witness to what it brings
And it is hard for us to understand life
Without what is lost.
The soul becomes a rollercoaster
Full of sweet echoes
Bidding farewell to the wind.

**Dante- Paradiso: Canto1*

Sin esta pérdida

En estos tiempos de medidas y divisiones
un verso de Dante se balancea en el reflejo
*Como un peregrino que volvería atado a**
Lo que ya no está a nuestro lado.
El cristal de esa ventana
manchado de llanto
Por el rocío que cae de tanto dolor
En cada amanecer.
Somos testigos de lo que trae
Y nos cuesta entender la vida
Sin lo que se pierde.
El alma se convierte en una montaña rusa
Llena de dulces ecos
Despidiéndonos del viento.

**Dante- Paradiso: Canto1*

Memory of Love

If the idea of death during this period had, as we have seen, cast a gloom over love, the memory of love had for a long time now helped me not to be afraid of death. (347).
Si la idea de la muerte durante este período había arrojado, como hemos visto, una sombra sobre el amor, el recuerdo del amor me había ayudado desde hacía mucho tiempo a no tener miedo a la muerte.

1
What the voices from my birth tell me, about how my grandfather Tata Domingo
Went to pick me up at the hospital, I stayed wrapped in tubes and my
other little twin went home.
It was a rainy day in July, Tata arrived with a blanket and an umbrella,
And like a Chilean Mary Poppins, took me home to my mother's arms and breasts,
the memory of love flows in these times of uncertainty.
We are fragile as a breath, like an embrace and a kiss forbidden by a virus.
We return to an enclosure, floating on glass to remember the smell of a
caress, absorbing the mark left on the glass as if it were a beloved's skin.
Outside the flowers and birds play and sing a poem by Gabriela Mistral,
'la Ronda', and I converse with my memory of all that I once loved.

Memoria del Amor

1
Lo que me cuentan las voces de mi nacer que mi abuelo Tata Domingo
Me fue a buscar al hospital, yo me quedé entubado y mi otro mellizo se fue a casa
Eran días lluviosos de julio, llegó el Tata con una manta de castilla y un paraguas
Y como un *Mary Poppins* chilensis me llevó a casa a los brazos y a los
pechos de mi madre, la memoria del amor fluye en estos tiempos de incertidumbre.

Somos frágiles como un respirar, como un abrazo y un beso prohibido por
un virus.
Volvemos a un encierro, a nadar a través del vidrio para recordar el olor de
la caricia, para alimentarse de la marca dejada en el vidrio
como si fuera la piel amada.
Afuera las flores y pájaros juegan a cantar un poema de Gabriela Mistral,
"La Ronda",
Converso con mi memoria de todo lo que un día amé.

Memory is a tomb

Where birds come to drink from fallen dreams.
Made flesh and dust
Love finds a way to leave the grave
And love the moon again
Anchored in the well of death

La memoria es una tumba

Donde llegan los pájaros a beber de los sueños caídos.
Hecho carne y polvo
El amor encuentra cómo dejar la tumba
Y volver amar la luna
Anclada en el pozo de la muerte.

I had lost my smile

Draft # 8

There on the infinite shore of the cosmos
I see What?
Darkness swallows the light of your gaze
In pieces of fallen stars that turn to ashes
Dust accumulated in the fingers of prayer
Of that Rilke in his paradise of letters.
We are the absence of tears in the ink of verse.

I listen to the eternal silence of the pillow
In this endless night.
I am a piece of dull moon
In the weariness of waiting.

Había perdido la sonrisa

Borrador # 8

Ahí en la orilla infinita del cosmos
Diviso ¿Qué?
La oscuridad se traga la luz de tu mirada
En pedazos de estrellas caídas que se hacen cenizas,
Polvo acumulado en los dedos de la oración
De ese tal Rilke, hospedado en su paraíso de cartas.
Somos ausencia de lágrimas en la tinta del verso

Escucho el silencio eterno de la almohada
En esta noche sin fin.
Soy pedazo de luna aburrida
En el cansancio de la espera.

Brief Burst of the Soul

a hug becomes water in the memory
Time is what we were
A brief burst of free skin

Breve Estallido del Alma

un abrazo se hace agua en la memoria
El tiempo es lo que fuimos
breve estallido de la piel liberada

Thinking of a poem for my imagined city

The architecture of what makes us feel and imagine a poem
Streets that invite us to fall in love with time in the rain and not the dollar in our pockets.
Guadiana buildings that make us stop in the middle of a birdsong in the parks.
A city of ancestral languages by natural light for the souls of its citizens.
Where air is as necessary as water. Consumption is banned like plastic bags.
And the verses are written in the sunsets, and the pecks of hungry birds are erased.
The sound of cars and buses replaced by the murmur of the wind in the foliage of the parks.
And the orchards are places of sowing and the creation of a harvest of songs
and fruits flavoured with melodies.
A city filled with poems from our imagination, living our everyday reality as survivors for love
for creating a happy balance between our natural and inhabited spaces

Pensando un poema para mi ciudad imaginada

La arquitectura de lo que nos hace sentir e imaginar un poema
calles que nos inviten a enamorarnos del tiempo bajo la lluvia y no del dólar en el bolsillo.
Edificios Guardianes que nos hacen detenernos en medio de un canto de pájaros dentro de los parques.
Ciudad de lenguas ancestrales como luz natural para el alma de los ciudadanos.
Donde el aire sea tan necesario como el agua. El consumo sea
prohibido como las bolsas plásticas.
Y los versos sean escritos en los atardeceres y borrados a picoteos por pájaros hambrientos
El sonido de autos y buses sea cambiado por el rumor del viento sobre el follaje de los parques
Y las huertas sean lugares de la siembra y la creación de una cosecha de cantos y frutos con sabor a melodías.
Una cuidad poetizada desde la imaginación hasta la realidad cotidiana de ser habitada para ser querida
de ser creada para la felicidad entre lo natural y el espacio que habitamos los sobrevivientes.

Listening to Bob Dylan on Saturday Night

To Juana Maria

I write tonight for a kiss

Escribo esta noche por un beso

A verse from a wounded body

Un verso de un cuerpo herido

A kiss that is a bullet

Un beso que es una bala

Of sweet and bitter lips

De labios dulces y amargos

A kiss made within the soul

Beso hecho dentro del alma

Cutting through blood

Un atajo de sangre

Memory and the tears of death

Memoria y lágrimas de la muerte.

Here in my bed

I'm trying to bury the night
corpse that I am
I wake up with eyes like clouds
I drink the darkness
in the names I love.

Today has cavities
that won't let me leave.
Yesterday became last night
where I don't return
I know that I'm entering
the stones

Moving to the edge of your embrace
they abandon me to form a body
stretched beneath the steps of a Cambalache tango.

Aquí en mi cama

Estoy tratando de enterrar la noche
del cadáver que soy.
despierto con los ojos de nubes
me bebo la oscuridad
en nombres que amo.

El hoy tiene cavidades
que no me dejan partir.
El ayer anoche
adonde no vuelvo
sé que voy entrando

las piedras
al costado de tu abrazo

me abandonan para hacer cuerpo,
y colchón en las veredas del *tango Cambalache.*

The verse

The verse leaves traces
 On the dry branches of the day.
Bird and verse create a dialogue
Verse in silence - stillness in flight
the bird watching, attentive
 the word lost in the abyss of air.

El verso

El verso deja huellas
 Sobre las ramas secas del día
pájaro y verso crean un diálogo
Verso en silencio- vuela la quietud
mirada atenta del pájaro
 la palabra se pierde en el abismo del aire.

Do you remember the clouds?

To Patty

Do you remember the clouds?
Ask the ashes of a fallen star to hundreds of nights in my garden.
I don't know what you're talking about.
I'm a petal of Gonzalo Rojas whispering in his verses orphaned of words
left lying in my rosebush, and now I kiss them once again.

Do you remember the clouds in December?
Before embracing the burning ashes that spread over the whole earth,
devoid of memory?

Tell me, what if all the volcanoes of mother earth were to awaken?
Where would our weeping might sail?
The ink of my pen is tangled in the wet leaf
of having no answer to create a verse,
a verse that would save us from this cry of fiery lavas

¿Te acuerdas de las nubes?

To Patty

¿Te acuerdas de las nubes?
Le preguntan las cenizas de una estrella caída a cientos de noches en mi jardín.
No sé ¿de qué hablas?
Soy un pétalo de Gonzalo Rojas soplando en sus versos huérfanos de palabras
que dejó tirado ahí en mi rosal y que hoy vuelvo a besar.

¿Te acuerdas de las nubes en diciembre?
¿Antes de abrazar las cenizas ardientes que se esparcen sobre toda la tierra,
sin memoria?

Dime ¿y si despertarán todos los volcanes de la madre tierra,
hacia dónde nuestro llanto podría navegar?

Mi tinta de lápiz se enreda en la hoja húmeda
de no tener respuesta para crear un verso,
un verso que nos salve de este llanto de lavas calientes.

This morning

I wake up holding a pencil like an oar
I stand at the edge of the day between the sheets and the light in the window.
Outside, are the sails of our voyage, to where, I don't know.

The ports that once docked on my paper,
Are lost or gone; nothing remains.
Except seagulls sick from the mist of waiting.
Nowadays, the route map has only conflicts.
Pronouns are no longer written, they are beneath the scars of selfishness.

We are navigators of work, digital hours are no longer written,
Our gaze enslaved, our hands shackled,
like a compass that cannot find where to go.
Walking leaves no traces, we are the ones who do not define ourselves.
Paper is only a concept, ink falls on the trapped oar.
Words are a Dantesque exodus towards the abyss
between reality and those who hide the televised genocide.
So, we are no longer citizens of this humanity
In love with images feeding on the fruit of brutality.

Esta mañana

Me levanto tomando un lápiz como remo
Paro a la orilla del día entre sabanas y la luz en la ventana
Afuera, existen velas de un viaje, que no sé donde nos llevará.

Los puertos que antiguamente atracaban en mi papel,
Se han perdido o ido; ya nada queda.
Salvo gaviotas enfermas en la bruma de la espera.
Hoy en día, el mapa de ruta solo tiene conflictos.
Los pronombres ya no se escriben, están bajo los escombros del egoísmo.

Somos navegantes del trabajo, las horas digitales ya no se escriben,
Nos esclaviza la mirada y nos engrilla las manos,
como una brújula sin saber dónde llegar
El caminar no deja huellas, somos los que no se definen
El papel es solo un decir, la tinta cae en el remo atrapado.
La palabra es un éxodo dantesco hacia el abismo
entre lo real y los que ocultan el genocidio televisado.
Entonces, ya no somos ciudadanos de esta humanidad
Enamorada de las imágenes, comiéndose el fruto de la brutalidad.

Paper dialogue in the hours gone by

Here I return from night to day on sips of sunset
Birds shitting the dawn were not drones destroying dreams.
Nor the shadow of a woman escaping through the window
Words cannot write what I imagine
To be a majestic flight of the invisible.
It was the shot that killed the trigger, crashing against what was not done.
The stillness began a dialogue on the paper at the designated hour.
Everything became inconclusive, even death.
Hands linger on cold sips, it's time to accept an escape.
We are citizens draped in the damp clothes of genocide
Soaked by the cries of orphaned children in the rubble
Of apathy crushed by the brutality of what forevermore
is our eternal shame.

Diálogo de papel en las horas idas

Aquí vuelvo de la noche al día sobre sorbos del atardecer
Los pájaros cagaron el amanecer que no eran drones destruyendo los sueños.
Tampoco la sombra de una mujer escapando por la ventana
La palabra no alcanzó a escribir lo que imagino
Como un vuelo majestuoso de lo invisible.
Fue el tiro que mato al gatillo estrellado contra lo que no se hizo.
La quietud comenzó el dialogo del papel en las horas marcadas
Todo se hizo inconcluso hasta la muerte.
Las manos se entretienen en sorbos fríos, es la hora de aceptar la huida.
Somos ciudadanos azumagados en la ropas del genocidio
Que empapa el llanto de niños huerfanos entre escombros
De la apatía aplastada por la brutalidad
de lo que desde hoy será eterna vergüenza.

Creating in times of destruction

We are inhabitants of dark cities
Taking steps that are stamped in lost footprints.
Where are we going?
The roads are blurred
Towards dry rivers in memory.

What do we think?
We are flights without sky in the OCCUPIED LAND
Digital mirrors of existence.

Where did we come from?
Once upon a time, tender root of a love
Kiss of a seed that nourished
The human we learned to be ....

Where are we going?
Humanity anchored to the injustice of an elite
We are the agony of thousands, the dust of machine-gunned stars
Shooting to kill what little remains of shouting through tears
About the courage it takes to not die before winning the fight.

Crear en tiempos de destrucción

Somos habitantes de ciudades oscuras, destruídas
Damos pasos que se estampan en huellas perdidas.
¿Adónde vamos?
Se birfurcan los mares
Hacia ríos secos en la memoria.

¿Qué pensamos?
Somos vuelo sin cielo en la TIERRA OCUPADA
Espejo digital de la existencia.
¿De dónde fuimos?
Alguna vez, raiz tierna de un amor
Beso de una semilla que alimentó
Lo humano que aprendimos a ser ...

¿Adónde vamos?
La humanidad anclada en la sin razón de una élite
Somos agonía de miles, polvo de estrellas acribilladas.
Disparan a matar lo poco que queda del llanto
Grito de lágrimas, coraje de no morir hasta vencer.

16.4.24

Mohameh's Smile

Life is a searching
For that butterfly in the heart
Of the child.

His grandfather lost
the fluttering in the orchard
Drank the nectar of sweet rose petals
Smiling to see the shadow of her wings pass by
And flutter the sweetness in his grandson's smile.

La Sonrisa de Mohameh

La vida es una búsqueda
De una mariposa en el corazón
De la infancia.

Su abuelo extravió los aleteos en la huerta
Se bebió el néctar de los pétalos dulces de la rosa
Sonríe al ver pasar la sombra de sus alas
aletea la dulzura en la sonrisa del nieto.

Come and see the blood in Gaza Venir a ver la sangre en Gaza*

It is possible for prison walls
To disappear,
For the cell to become a distant land
Without frontiers:
What did you do with the walls?
I gave them back to the rocks.
And what did you do with the ceiling?
I turned it into a saddle.
And your chain?
I turned it into a pencil.
(Prison Cell- Mahud Darwisk)

Es posible que los muros de la prisión
desaparezcan,
que la celda se convierta en una tierra lejana
Sin fronteras:
¿Qué hiciste con los muros?
Se las devolví a las rocas.
¿Y qué hiciste con el techo?
Lo convertí en una silla de montar.
¿Y tus cadenas?
Las convertí en un lápiz.

(Desde la celda de la prisión- Mahud Darwisk)

The Moon on my Verses

Beautiful! With traces of Lorca's purest and most innocent influence.
Victor Hugo Romo

The moon bites my verses
on this night of absence
I bark my vowels
I chase its consonants.
My dreams are frightened of the abyss
I lie exhausted on the dark shore
where the silence of the world murmurs
on that sad corner
a fleeting light drags the pain
among the rubble in Gaza.

La Luna y Mis Versos

Hermoso. Con trazos de la más pura e inocente influencia lorquiana
Victor Hugo Romo

La luna muerde mis versos
en esta noche de ausencia
yo le ladro mis vocales
persigo sus consonantes.
Mis sueños se espantan de abismo
quedo agotado en la orilla oscura
donde murmulla el silencio del mundo
sobre esa esquina triste
una luz fugaz arrastra el dolor
entre los escombros en Gaza.

Song, only song of tears or fright.

Everything is empty
Except the soul
Ocean
Abundant
Of what cannot be seen
Nor touched
Least of all felt.
Embrace
Divinity of the Forgotten
Distance we will be
Open wound
Blood burning the flight
Invisibility of the possible
Calm becomes threat
The empty city
Cold blood no longer groans
Children are rubble
Love a cold kiss on the skin
Gaza
Vencerá.
Gaza will win.

Canto, solo canto de lágrimas o espanto.

Todo es vacío
Salvo el alma
Océano
Abundante
De lo que no se ve
Ni se toca
Menos se siente.
Abrazo
Divinidad de lo Olvidado
Distancia seremos
Herida abierta
Sangre quemando el vuelo
Invisibilidad de lo posible
La calma se vuelve amenaza
La ciudad vacía
La sangre fría ya no gime
Los niños son escombros
El amor un beso frío en la piel
Gaza
Vencerá

Comandante Hugo Chávez, Presente!!!

Para Daniel Gaspari compañero-Embajador de Venezuela en Australia.

How can I start to salute you
My fist is strong like the wind of revolution.
We are all Chávez; I am Chávez, too
Javier, my *compañero*, the underground struggle against Pinochet.
I called him Hector and he called me Samuel;
However, I received news that he left the Mapudungun land first
A freedom fighter organising our dreams
For a revolution in the *occupied land of Lautaro and Allende*
When his heart fell into the deep roots of eternal resistance,

I believe, Commandant Hugo Chávez, that Javier went there too;
Where the people of the revolution had to go
To continue giving us the seeds of dignity, courage and solidarity
like a river of struggle against death, oppression and the evil of Capitalism
the devil, as Chávez called GW Bush at the United Nations.
You, Comrade Hugo Chávez fought against those who killed the dream
of the poor
Fighting against death by those who stole the land and seeds
Of the Indigenous communities of the world.
You, Comrade Hugo Chávez
your soul and thoughts were like the open veins of life, through and for life,
in the possibility of a new world

You, Comrade Hugo Chávez
used oil to create bread, roads, books and jobs here on earth amongst the barrios,
streets and cities
from Havana to the poorest districts of New York.
You, Comrade Hugo Chávez
enabled those sentenced to eternal darkness
to see wirh their own eyes the flight of the Condor over the endless mountains,
wacht the daw flutter from the trees, and breath the beauty of the afternoon.

You, Comrade Hugo Chavez
gave the miracle of schools to the children of the poor
Just as Allende gave us milk, smiles, dignity and love of our childhood.
Yes, you taught a love of knowledge, a love of playing music, and a
lasting love of humanity.

Transnationals, the financial corporations and the powerful,
Will toast your death,
but the people of the revolution,
the poor in any barrios of the world
Will paint your name on the wall as a tribute
Will plant dreams in the streets of resistance
contra el Diablo Capitalista, Carajo!!!

Comandante Hugo Chávez, Presente!

Para Daniel Gaspari compañero-Embajador de Venezuela en Australia.

¿Cómo puedo empezar a saludarte?, compañero
Todos somos Chávez,
Mi puño está fuerte como el viento de la revolución.
Javier, mi compañero en la lucha clandestina contra Pinochet en los 80.
Lo llame Héctor y él a mi, Samuel;
Sin embargo, las noticias que recibí, fueron que Javier Chávez,
se fue primero de la tierra del Mapudungun
(Él era un luchador por la libertad y organizador de los sueños
de esa revolución en el territorio de Lautaro y Allende.
Su corazón cayó a las profundas raíces de la resistencia para siempre)

Creo, Comandante Hugo Chávez, que allí se fue Javier, también
Allí donde van los compañeros que hacen la revolución,
Allá continúan sembrando semillas de dignidad, coraje y solidaridad
como río de lucha contra la muerte, la opresión y el Capitalismo.

como Ud, Comandante Chávez llamó
en la Tribuna de la ONU nombró diablo a GW Bush.
Usted, Comandante Hugo Chávez luchó
contra los que quieren matar el sueño de los pobres
contra los que roban la tierra y las semillas
De las comunidades indígenas del mundo.
Usted, Comandante Hugo Chávez
Su alma y sus pensamientos son como venas abiertas
de la vida, por la vida y para la vida
de un mundo nuevo es posible

Usted, camarada Hugo Chávez
Hizo del petróleo: panes, caminos, libros y trabajo
Para millones aquí en la tierra entre los barrios, calles y ciudades
desde La Habana hasta los barrios pobres de Nueva York.
Usted, camarada Hugo Chávez
Hizo que los ciegos vieran
el vuelo libre del Cóndor cruzando la Cordillera eterna,
Ver caer el amanecer simple de los árboles, respirar la belleza de la tarde.
Usted, comandante Hugo Chávez
hizo milagro cuando dio escuelas a los niños pobres
Al igual que Salvador Allende nos dio leche, la sonrisa,
la dignidad y el amor por nuestra infancia.
Sí, enseñó el amor al conocimiento, el amor a la música,
el amor a la humanidad por siempre.

Las transnacionales, las corporaciones financieras y los poderosos,
Brindan por su muerte,
pero los humildes de la revolución,
los pobres de los barrios del mundo
pintamos su nombre en las paredes como un homenaje
plantamos sueños en las calles de la resistencia
contra el Diablo Capitalista, Carajo!

Can I have a quiet day, Please?

1
Breakfast avocado on toast
Quarter strength coffee
And the line of a poem.
Yes, a line from a poem
Spreading like avocado on the surface of desire
Swallowing like a sip of coffee in the reading,
Smelling of stillness, the portent of a good day,
Wrapped like the best gift.
If perhaps I am a poet, a consumer of images.
Hunter of moments in a day that harbours boredom.
We are an instant of yawns in the clear water of a dawn.

2
We are the designs of a party
Where the original meaning is lost, distorted
2000 years ago, a poor child was born,
his parents persecuted, fleeing their land.
The mother gave birth to a boy child.
In the land of exile in a manger far from their village.
A story that, later well known
Becomes fable, commerce, gifts
Consumers, consuming, consumed
This capitalist system.
2024, a new child born, his city now just rubble,
his family murdered by the bombs and missiles of occupation.
Nobody cares about this genocide. Christmas arrives, but not in Gaza.

¿Puedo tener un día tranquilo, por favor?

1
Desayuno aguacate en tostada
Un ¼ de café cargado
Y un verso de un poema. Sí, una línea de un poema
Que se esparza como palta en la superficie del deseo
Que se trague como un sorbo de café en la lectura,
Que tenga aroma de quietud, predicción de un buen dia,
Envuelto como el mejor regalo.
Tal vez soy una poeta consumidor de imágenes.
Cazador de momentos de un día sospechoso de aburrimiento
Somos un instante de bostezos en el agua clara del amanecer.

2
Somos diseños de una fiesta
Donde el sentido original se pierde, distorsiona
2000 años atrás nació un niño pobre,
sus padres fueron perseguidos y huyeron del país.
La madre dio a luz a aquel niño.
En tierras del exilio en un pesebre muy lejos del pueblo.
Después, después todo ya se sabe
Se hizo fábula, comercio, celebración,
Regalos, consumo y más consumo de un sistema capitalista.
2024, un nuevo niño nace pero su ciudad está en escombros,
su familia es asesinada por bombas y misiles
que lanza el ejército de ocupación.
Nadie se preocupa de este genocidio.
La Navidad llegó, no para Gaza.

Prado Museum 1983

sound entangled in an accent
upon a strange rhythm
in calm waters
a submerged verse is born
we are the body translating
a deep reflection of what is still terror
in the worn fabric of humanity
day by day visits
Guernica or a Goya consuming the horror

Museo del Prado

Sonido enredado en un acento
Sobre un ritmo extraño
aguas en calma
Nace el verso sumergido
Somos cuerpo traduciendo
Aquel profundo reflejo de lo que aún es el espanto.
En la tela gastada de esa humanidad
Que día a día visita
Guernica o a un Goya masticando el horror.

I love the sense of possibility

I love the sense of possibility.
Is it possible for a poem to grow
without a table or a pencil broken by horror?

Is it possible that the wounded heart, bleeding,
Can continue to drink from that wound that the world
refuses to recognize?
Because denying the pain of that certain possibility
The possibility of a fragment of buried love
Amidst the rubble after the death of a single baby,
of a single baby in Gaza.

the sense of possibility

1
I love the sense of possibility
Me encanta el sentido de la posibilidad.
¿Será posible que un poema crezca
sin mesa, ni con un lápiz quebrado por el horror?

¿Será posible que el corazón herido, sangrando
siga bebiendo de esa herida que el mundo
se niega a reconocer?
Porque negar el dolor de esa certera posibilidad.
La posibilidad de un fragmento de amor enterrado
Allá sobre los escombros
de la muerte de un solo bebé, de un solo bebé en Gaza

Do you remember Bobby Sands and the Irish Hunger Strikers?

'I am proud because my comrades and I have met, fought and repelled a monster and we will continue to do so' (Bobby Sands)

Those heroic men who died on hunger strike on 5 May 1981,
27-year-old Bobby Sands, the IRA leader
in the Maze prison outside Belfast, starved himself to death.
Together with his comrades, the men in the resistance blankets.
Nine other republican prisoners joined him.
Margaret Thatcher made it clear there would be no compromise.
Death was her final political game.
Death cannot silence the bodies, blankets and voices of truth
Hunger strikers united in a political struggle
where streets became a march of solidarity,
And flags held high became the wings of justice.
Resisting food for them was a powerful struggle ...
They were led to believe they would get their own clothes
- the crunch battle in the confrontation.
Women and mothers were the voices of those courageous men
In the streets of Belfast
Death transformed their naked resistance to food- their stand against compromise.
The blanket hunger strikers were the hope of a new humanity to be transformed.

¿Te Acuerdas de Bobby Sands y de los Huelguistas de Hambre Irlandeses?

Estoy orgulloso porque mis camaradas y yo nos hemos enfrentado, luchado y repelido a un monstruo y seguiremos haciéndolo» (Bobby Sands)

Esos hombres heróicos que murieron en huelga de hambre
el 5 de mayo de 1981, Bobby Sands, de 27 años, líder del IRA
en la prisión de Maze, a las afueras de Belfast..
Junto con sus camaradas, los hombres de las frazadas de la resistencia.
Otros nueve presos republicanos se unieron a él.
Margaret Thatcher dejó en claro que no habría negociación.
La muerte fue su palabra final, de la dama de acero.
La muerte no puede silenciar los cuerpos, las frazadas de la resistencia,
ni las voces de la verdad
Los presos en huelga de hambre se unieron en su lucha política
las calles se convirtieron en marchas de solidaridad,
banderas en alto fueron alas de la justicia.
Resistirse a la comida fue para ellos una lucha poderosa...
Se les hizo creer que conseguirían su propia ropa
batalla decisiva en la confrontación.
Mujeres y madres fueron voces de aquellos valientes combatientes
A través de las calles de Belfast.
La muerte transformó su resistencia a la comida en desnudez total –
Como eterno compromiso.
Los huelguistas de hambre de frazadas de la resistencia
Fueron esperanza de una nueva humanidad por ganar.

Neruda blows peace into my emptied streets

The streets are empty in Adelaide, my city... no winds of solidarity.
Last night I read '*Come to see the blood in the streets*', by Neruda.
Long ago I used to create clandestine verses
On the walls of the city of Santiago
Forbidden by the dictator's bullets.
By the way, on here my verses are created by paper birds
Taking flight over the soaked ink
Of what were poems burnt by those raids
That memory recites against subliminal oblivion.
These days I read Neruda again
Flames by the thousands, rubble and genocide in the streets of Gaza,
I read in a loud voice: *Come and see the blood of Gazan children.*
as rivers of brutality. As apathy from the extermination of innocent lives.
Come and see the blood of Gazan children.

Neruda blows peace in my empty streets,
Neruda blows his verses
on my blank papers, a new verse of love and peace is born.

Neruda sopla la paz en mis calles vacías.

Las calles están vacías en Adelaida, mi ciudad... sin vientos solidarios.
Anoche leí *«Venir a ver la sangre por las calles", de P. Neruda.*
Hace tiempo solía crear versos clandestinos
En los muros de la ciudad de Santiago
Prohibidos por las balas del dictador.
Por cierto, aquí mis versos los crean pájaros de papel
alzando el vuelo sobre la tinta empapada
de lo que fueron aquellos poemas quemados por esos allanamientos
Que la memoria recita contra el olvido subliminal.
Estos días vuelvo a leer Neruda
Llamas, los miles de escombros y el genocidio en las calles de Gaza,
leo en voz fuerte: *Venir a ver la sangre de niños Gazaties.*
Como ríos de la crueldad. Como apatía del exterminio de vidas inocentes.
Venir a ver la sangre de niños Gazaties.

Neruda sopla paz en mis calles vaciadas,
Neruda sopla sus versos
en mis papeles en blanco nace un nuevo verso de amor y paz.

After Canto I, Dante

What a hard thing it is to say what was
this wild jungle, rough and strong
that turns my fear to thought!
(Canto I). Dante

There is a verse entering this still empty page
Covetous of hours, a hundred hours, almost a century of waiting.
They come and go, it seems that nothing happens here,
Evil bestiality, engendering apathy in thought.
Fear that swallows up silence.
And we would all be wordless, sightless passers-by
Making the sun a withered fruit
And the moon a ball pregnant
with the darkness of genocide.
The rain falls and seeps through; yet it is not rain
But soft tears streaming with sorrow and rage
Of angels who fly in circles
Around those destroyed homes
And you know that evil instinct in your city.
Echoes of Dante speaking to us:
'and is his instinct so cruel and so wicked,
that it never satisfies its greedy craving'.
Yes, these lines are verses of fire
Bursting upon the ruins of Gaza,
Shattering with cruelty what was once
not so long ago that peace
now lying crucified
under the rubble
the earth turned hell

After Canto I, Dante

Cuán dura cosa es decir cuál era
esta salvaje selva, áspera y fuerte
que me vuelve el temor al pensamiento!
(Canto I). Dante

Hay un verso entrando en esta página aún vacía
Glotona de horas, ciento de horas casi un siglo en la espera.
Llegan y se van, pareciera que nada pasará aquí,
que la maldad es la bestialidad engendrando la apatía en el pensamiento.
Que el temor se traga al silencio.
Y todos fuéramos transeúntes mudos y ciegos
Haciendo del sol un fruto seco
Y de la luna una bola preñada de oscuridad
engendrando el genocidio.
La lluvia cae y moja; pero no es lluvia
Sino lágrimas suaves, delgadas, con pena y rabia
De aquellos ángeles que vuelan en círculos
Alrededor de esos hogares destruidos
Y tú sabes de ese instinto malvado en tu ciudad.
Por eso es mejor que Dante nos hable:
'*y es su instinto tan cruel y tan malvado,*
que nunca sacia su ansia codiciosa'
Sí, estas líneas son fuego del verso
Que estalla sobre las ruinas de Gaza,
Que destroza con crueldad lo que se vivió
no mucho tiempo atrás esa paz
que hoy en día esta crucificada
bajo los escombros
por los amos del infierno en la tierra.

Fragment of a poem 7

To the Masters of Death
Those who only sell, who earn monstrous sums of money
With the corpses from other lands.
Who command and provide the infrastructure,
 the capital, the orders and the plans.

To such Masters of Death
Those who create wars, conflicts
Who use the language of blood
The sound of bombs, the piercing accent of the verb to kill.

They are the Masters of Death
For children, women, doctors, innocent people.
Those who will never be condemned for their atrocities;
But rather go on living in their palaces, mansions and offices
On the outskirts of the hell they created
 by their bloody money and desire for absolute power.

To you, Masters of Death
I declare this most human resistance
To protect the children whose tears
fall under the rubble of your brutality.

Fragmento del poema 7

A los señores de la muerte
A ellos que sólo venden, ganan sumas monstruosas
Con los cadáveres de otras tierras.
Los que mandan y ponen la infraestructura,
el capital, las órdenes y los planes.

A ellos Señores de la muerte
Los que crean las guerras, conflictos
Los que usan el lenguaje de la sangre
El sonido de bombas, el acento violento del verbo matar.

A ellos los señores de la muerte
De niños, mujeres, doctores, gente inocente.
Ellos nunca serán condenados
Sino vivirán en sus palacios, mansiones y oficinas
A las afueras del infierno creado por su sangriento dinero
y ansias de poder absoluto.

A los señores de la muerte
les declaro la resistencia más humana
cual es defender el llanto de los niños
Bajo los escombros de tu propia brutalidad.

Poem from the Global South

'Artificial Intelligence is humanity's accumulated intellect in the digital cloud. Private usufruct that can substantially increase hunger'.
(Speech by President Gustavo Petro at the G20 Plenary, 2024.)

1

Two thousand and many more years since humanity
left the cave, left fire as the essence of survival,
left behind hunting for food for survival
everything moved slowly in life as in death.
Before, there was only the river water falling down the mountain.
Before, there were only seas with no route beyond existence.
There was a word and the word was a sound, a blow, a cry without meaning.
Learning was a repetition
astonishment at each thing touched, smelled, looked at
until time without a timetable, the naked soul not knowing who we were.

Everything changes, but hunger is still criminal
The global north develops, but hunger
Still kills, discriminates or condemns hundreds of thousands of children
To grow old as slaves sacrificed for money.
Humanity keeps a sinister silence of every massacre.
Political and economic power is a corrupt labyrinth,
Intelligence locked in the service of an elite.
Beyond the reach of all suffering, marginalised humanity.

Here where I live in my host country
There are two parallel realities
Those who have and enjoy everything
And others who are marginalised from everything:
Open prison of hunger and consumption.
Adolescents and children who live
their childhood under the bars of the State
Away from home, land, the exodus of first inhabitants

Long before the arrival of the English colonisers.
Who left the ink of blood on papers of this usurped land.
The concept: this land, this Terra Nullius, belongs to no one.
They killed, raped, enslaved and imposed layer upon layer of racism.
Taking over the land and its people.
Imposing an official language by blood and assimilation,
It oppressed the more than 200 languages of this continent country.
Everything is and has been a Hell disguised as Paradise.
Modern racism is just as Frantz Fanon said:
The native must realize that colonialism never gives anything away for nothing

Poemas desde el Sur global

La Inteligencia Artificial es el intelecto acumulado de la humanidad en la nube digital.
Usufructo privado que puede aumentar sustancialmente el hambre.
(Intervención del Presidente Gustavo Petro en la Plenaria del G20. 2024.)

1
Dos mil y tantos años que la humanidad
dejó la caverna, dejó el fuego como sustancia básica de supervivencia
dejó atrás la caza como alimento para sobrevivir y comer
todo fue un desarrollo lento como la vida y la muerte.
Antes, solo existía el agua de los ríos cayendo montaña bajo
Antes, solo existían los mares sin ruta más allá de la existencia
La palabra era y fue un sonido, un golpe, un grito sin significado.
El aprendizaje fue una repetición
del asombro por cada cosa tocada, olida, mirada;
hasta el tiempo sin horario, el alma desnuda no sabía quiénes éramos.

Todo cambió y el hambre aún es criminal
Todo se ha desarrollado en la sociedad global, pero el hambre
Aún mata, discrimina o condena a ciento de miles de niños y niñas
A ser viejos y esclavos de tripas y del dinero.
La humanidad guarda un silencio siniestro de cada masacre.

El poder político y económico es un laberinto siniestro,
corrupto de la inteligencia al servicio de una élite.
y no de la humanidad sufriente, marginal.

Aquí donde habito en mi país de acogida
Existen dos realidades paralelas
Los que tienen y disfrutan de todo
Y los otros los marginados de todo:
Prisión abierta del hambre y el consumo.
Prisión de adolescentes y niños que viven
su infancia bajo barrotes del Estado
Casa, tierra son el éxodo de ser los primeros habitantes.

Antes mucho antes de la llegada del colonizador inglés.
Que dejó en tinta de sangre y papel de tierra usurpada
El concepto: la tierra es de nadie.
Mató, violó, esclavizó e impuso cada vez más racismo.
Se adueñó de la tierra y su gente.
Su idioma oficial se impuso a sangre y asimilitud,
Oprimió las más de 200 lenguas de este país continente.
Todo es y ha sido un Infierno camuflado de Paraíso
El racismo moderno es algo así como lo dijo Frantz Fanon:
The native must realize that colonialism never gives anything away for nothing

The Tragedy in Gaza

1
The debris of weeping
Has the smell of death's eyes.
The debris of the fallen father
Has bones
Multiplying through the streets of disaster.
The debris of the mother
Has a smile crucified over horrors
That paint the blood of the fallen.

2
The city is an infernal space
Where death
Breathes the smoke blown up by occupying bombs
Destroying the silence of the Gazan birds.

3
Our silence is the shame
Of not naming things for what they are:
Complicity in genocide.

La Tragedia en Gaza

1
Los escombros del llanto
Tienen el olor a los ojos de la muerte.
Los escombros del padre caído
Tienen los huesos
Multiplicando por las calles del desastre.
Los escombros de la madre
Tienen crucificada la sonrisa sobre los horrores
Que pintan la sangre de los caídos.

2
La ciudad es un espacio infernal
Donde la muerte
Respira el humo socavado por las bombas ocupantes
Destruyendo el silencio de las aves gazaties.

3
Nuestro silencio es la vergüenza
De no nombrar las cosas por lo que son
Complicidad del genocidio.

Juan Garrido Salgado (1957) has lived in Australia since 1990. Former political prisoner of the Pinochet dictatorship. He has published ten books of poetry in Australia and Chile. His work has been translated into several languages. Juan has translated works by Australian and Aboriginal poets into Spanish. In 2019, he shared poems from his book *When I was* Clandestine (Rochford Press), as part of a poetry tour to the *Granada International Poetry Festival, in Nicaragua, Mexico and Cuba.* His poetry has been translated into Russian, Chinese, Serbian, Portuguese, Italian, French and English. His books have been published by Australian publishers *Puncher & Wattmann: Hope Blossoming in Their Ink* (2020). *The Dilemma of Writing a Poem* (2023). *Feathes of a feathered bird- Plumas de un Pájaro Desplumado,* (July, 2025) Juan has been invited to present his new book of bilingual poetry at the *International Literature Festival of Honduras.TEGUS-Si Canta* (2025). MAGO Editores (Chile) will publish his new collection of poems in Spanish, *De Donde soy...Cuando el viento enmudece mis pasos* (2025).

Juan Garrido Salgado (1957) vive en Australia desde 1990. Ex-Preso político de la dictadura de Pinochet. Ha publicado diez libros de poesía en Australia y Chile. Su obra se ha traducido a varios idiomas. Juan ha traducido al español obras de poetas australianos y aborígenes. En 2019, compartió los poemas de su libro Cuando era Clandestino (Rochford Press), como parte de una gira poética al Festival Internacional de Poesía de Granada, en Nicaragua, México y Cuba. Su poesía ha sido traducida a las lenguas rusa, China, Serbia, Portugués, italiano, Francés y Ingles. Sus libros han sido publicados por la editorial australiana Puncher & Wattmann: Hope Blossoming in Their Ink (2020). The Dilemma of Writing a Poem (2023). Feathes of a featherlees bird- Plumas de un Pájaro Desplumado, (julio, 2025). Juan ha sido invitado a presentar su nuevo libro de poesía bilingüe en el Festival Internacional de Literatura de Honduras.TEGUS-Si Canta (2025). MAGO Editores (Chile) publicara su nuevo poemario en castellano, De Donde soy...Cuando el viento enmudece mis pasos (2025).

Acknowledgments and Gratitude

Thanks to Steve Brock, Kate Cooper and Victor Hugo Romo for reading and editing the Spanish version of the manuscript.

Thanks to Red Room Poetry for commision 30#30 project 2023 and to the *Grieve* Vol.11 Anthology for include one of my poem appear on this book.

Thanks to *Australian Poetry Journal* Vol.13. Number 2 for include of my poem

Thanks to Festival Internacional de Poesía de La Habana,2023 (Cuba) for invate me to ready a poem from this book.

Thanks to MOONLIGHT MUSING under *The Wordsmith Magazine*, Pakistan, held on 17th January 2025, A Poetic recitation event for poets around the globe.

Thanks to the Premio Mahmud Darwish, Festival Internacionl de Poesia de Medellin, 2025. Section of this poems belong to this book.

Thanks to undergraduate Animation degree students at the University of Technology Sydney (UTS). Selected the poem "When a poet dies" to turn into an animation 2025.

Thanks to *El Golem Revista Literaria de Mexico* for publishing a selection of poems in Spanish from my book *Pluma de un Pájaro Desplumado* 2025.

Thanks to the World Poetry Movement and to the *Silk Road Today Poetry Magazine* for published my poem: 'The Tragedy in Gaza', in Arabic, English and Spanish languages 2025.

Thanks to Otoniel Guavara for publishing selections in Spanish of my book: *Plumas de un Pájaro Desplumado.*at the # 5 de la Serie Chile colección *Eternoetormografo de poesía del mundo* – Honduras. 2025.

Thanks to all my friends and poets of Taller Andamio and Nuestro Canto for launching this bilingual poetry book: *Feathers of a Featherless Bird / Plumas de un Pájaro Desplumado.* 2025 In SECH –Chile.

www.ingramcontent.com/pod-product-compliance
Ingram Content Group Australia Pty Ltd
76 Discovery Rd, Dandenong South VIC 3175, AU
AUHW020837290126
422694AU00001B/6

9 781923 099753